내 아이 마음 사전

이 책을 소중한

_____님에게 선물합니다.

_____ 드림

불안한 아이를 위한 감정처방전

# 내 아이 마음 사전

• 허은지 지음 •

위닝북스

프롤로그

## 마음을 잘 다루는 아이가 행복하다

'어떻게 하면 내 아이를 잘 키울 수 있을까?'

눈에 넣어도 안 아플 내 아이를 잘 키운다는 것은 정말 쉽지 않은 일이다. 아이가 말을 안 들을 때는 내가 잘못 키우는 것 같고, 아이가 울 때는 내가 아이에게 제대로 못 해주는 것 같다.

인터넷에는 육아에 대한 정보가 넘쳐난다. 부모는 '어떻게 키울까'에 대해 고민하고 관련된 정보를 찾아보고 참고한다. 명문 대학을 보냈다는 말을 듣고 그 방법대로 하면 자신의 아이도 그 학교에 들어갈 것 같고, 천재가 될 것 같다. 그래서 밤새도록 육아정보를 탐색하고 책장 가득 육아서를 채워 놓는다. 하지만 정작 자신과 아이에게 필요한 것이 무엇인지 제대로 알지 못한다.

요즘은 스마트 폰만 있어도 전문가 부럽지 않은 정보들을 알 수 있다. 그러다 보니 교사보다 더 전문가를 자처하는 부모들도 있다. 그런데 많은 정보를 알고 있는 것이 육아를 잘하는 지름길일까?

육아는 부모의 편의나 자기만족을 위해서 하는 것이 아니다. 진정으로 아이의 행복을 추구하는 것이어야 한다. 과거에 비해 현재 아이들이 더 똑똑할 수는 있다. 그러나 단순히 내 아이가 똑똑해지는 것이 아니라 아이가 행복을 느끼는 육아가 되어야 할 것이다.

요즘 아이들은 빠른 것들로 가득 찬 세상에서 참을성을 배우지 못하고 큰다. 그래서 어느 관계에서든 참기보다는 자신의 감정을 격하게 표현한다.

교사들끼리 하는 이야기가 있다. "해가 가면 갈수록 주의가 산만하고 다혈질인 아이, 공격적인 아이들이 많아지는 것 같아요." 이 말에 공감하는 교사들이 참 많다. 교사들은 많은 아이들을 만난다. 그렇기 때문에 아이들의 변화를 더 민감하고 빠르게 파악한다. 아이들이 집에 있는 시간보다 선생님과 지내는 시간이 더 많다 보니 부모보다 교사가 아이에 대해 더 많이 아는 경우도 있다.

아이들은 온몸으로 애정을 갈구한다. 평소와는 다른 행동을 하며 '나에게 관심을 가져주세요'라는 신호를 보낸다. 그러나 그 신호를 들은 부모는 아이가 신호를 보냈는지조차 모를 때가 많다.

'도대체 내 아이는 왜 이렇게 말을 안 듣는 거야?', '우리 애가 이렇게 말썽을 피우는 것을 보니, 내가 제대로 키우고 있는 건지 모르겠어', '우리 애는 나를 힘들게 하려고 태어난 것 같아'와 같은 생각을 한 번쯤 해본 부모들도 있을 것이다. 그러나 아이는 자신이 어떤 방법으로 엄마, 아빠에게 마음을 표현했을 때 자신이 원하는 반응이 나오는지 모른다. 그래서 자신도 모르는 사이 다른 방향으로 신호를 보낸다. 그 신호를 잘못 해석한 부모는 엉뚱한 반응을 보이는 것이다. 그러다 보면 부모와 자녀의 사랑의 작대기는 마치 평행선처럼 자꾸 어긋나고 서로 맞닿을 기미가 보이지 않는다. 이런 상황이 지속되면 부모와 아이 모두 깊은 상처를 입고 서로에게 마음의 문을 닫게 된다.

아무리 부모가 아이를 사랑해도 아이에 대해 모르는 것이 있을 수 있다. 그래서 부모도 연습 경기 없이 시합에 나가는 선수처럼 불안하고 불안정하다.

나는 아이가 좋아서 교사가 되었다. 현장에서 다양한 아이들과 함께 지내면서 '어떻게 하면 아이들이 더 행복해질 수 있을까?'라는 고민을 많이 했다. 그런데 많은 부모들의 상담을 해주면서 현재 아이가 힘들어하는 부분과 부모의 행동이 서로 초점이 어긋나고 있다는 것을 느꼈다. 서로 사랑하는 마음은 같은데, 마치 영화 속 주인공처럼 어긋나는 모습이 너무 안타까웠다.

이 책은 그런 부모와 아이가 서로 코드를 맞추는 과정에 도움이 될 것이다. 현장에서 직접 상담했던 내용을 토대로 구성했기 때문에 더 피부에 와 닿으리라 생각한다. 이 책을 통해 보다 많은 부모가 내 아이의 행동 속에 있는 마음을 이해하고 보듬어주기를 기대한다. 그리고 아이에게 맞는 방법으로 사랑을 전하고 아이와 부모가 함께 행복해질 수 있기를 바란다.

나의 멘토이자 이 책이 나오기까지 많은 도움을 주신 어머니, 책을 쓰다가 지칠 때마다 응원해준 가족들에게 고맙다. 아직 햇병아리 같던 나에게 아이들에 대해 알려주고, 이끌어주신 이완정 교수님과 아동심리에 대해 알려주신 신현정 교수님께 감사드린다. 그리고 예비 후배 교사들에게 도움을 줄 수 있는 기회를 허락해주신 김혜금 교수님께도 감사하다.

마지막으로 나에게 책을 쓸 수 있도록 가르쳐주신 〈한국 책쓰기 성공학 코칭협회〉 김태광 코치님과 〈위닝북스〉 출판사 권동희 대표님, 책이 출간될 수 있도록 도와주신 출판사 관계자 여러분께 이 지면을 빌려 감사의 인사를 드린다.

2016년 5월
허은지

차 례

프롤로그 ···4

## Chapter 1 때때로 아이가 너무 미워져요

01 온 집 안을 난장판으로 만들어 놓는 아이 ···15
02 거짓말하는 아이 ···21
03 동생을 때리고 괴롭혀요 ···29
04 밥 먹을 때마다 전쟁이에요 ···37
05 화가 나면 소리부터 질러요 ···44
06 숨넘어갈 듯이 소리를 지르며 울어요 ···50
07 공공장소에서 난동을 피워요 ···56
08 잘못했을 때도 고집을 피워요 ···62

## Chapter 2 아이의 진짜 속마음 들여다보기

01 아이는 엄마의 표정에 민감해요 ···71
02 아이의 행동보다 속마음을 들여다보라 ···78
03 엄마는 아이의 불안을 모른다 ···84
04 일관성 없는 육아, 흔들리는 아이 ···90

05 눈치 보는 아이, 화내는 엄마 ··· 96
06 아이가 바라는 것은 관심이다 ··· 103
07 아이와 자주 스킨십을 하라 ··· 110

 **육아의 90%는 감정이다**

01 엄마의 최선이 아이에게 최선은 아니다 ··· 119
02 미안한 엄마, 망가지는 아이 ··· 126
03 감정을 다스려야 아이가 보인다 ··· 132
04 화내고 후회하는 엄마가 되지 마라 ··· 138
05 아이를 바라보는 시각을 전환하라 ··· 144
06 화내는 것도 전략적으로 하라 ··· 150
07 힘이 들 땐 아이를 안아줘라 ··· 157

# Chapter 4 답답한 아이와 불안한 엄마를 위한 마음 처방전

### | 두려움 |
01 엄마와 헤어지는 것이 무서워요 ··· 167
02 침대 밑에 괴물이 있어요 ··· 174

### | 불안감 |
01 엄마랑 같이 있어야 안심하는 아이 ··· 180
02 도전이 어려운 아이 ··· 186

### | 감정 기복 |
01 짜증을 많이 내는 아이 ··· 193
02 시도 때도 없이 우는 아이 ··· 199

### | 욕심 |
01 난 일등이 좋아요! ··· 207
02 마트에 가면 드러눕는 아이 ··· 214

### | 주의력 결핍 |
01 수업에 집중 못하는 아이 ··· 221
02 잠시도 가만있질 못해요 ··· 228

# Chapter 5 마음을 잘 다루는 아이가 행복하다

01 내면이 단단하고 행복한 아이로 키워라 ··· 239

02 감정을 다스리는 아이가 '회복탄력성'이 높다 ··· 245

03 엄마의 믿음이 아이를 성장시킨다 ··· 251

04 마음이 흔들리지 않는 아이가 리더가 된다 ··· 257

05 내 아이를 위한 감정 공부를 하라 ··· 265

06 아이는 부모의 뒷모습을 보고 자란다 ··· 272

07 아이는 엄마의 감정을 먹고 자란다 ··· 277

Chapter 1

# 때때로 아이가
# 너무 미워져요

## 01 온 집 안을 난장판으로 만들어 놓는 아이

가정은 있는 그대로의 자신을 표현할 수 있는 장소이다.
- A. 모루아

"선생님, 민준이가 너무 장난감을 어질러 놓아요. 어떻게 하면 좋죠?"

유치원에 다니는 민준이는 여러 가지 장난감을 꺼내 놓고 놀기를 좋아한다. 그리고 실컷 놀고 나면 정리는 뒷전이고 다른 장난감을 찾아 논다. 민준이는 정리하라는 엄마의 잔소리에도 아랑곳하지 않는다. 결국 장난감 정리는 엄마의 몫이 된다. 그런데 민준이의 장난이 장난감으로 그치면 다행이지만 엄마의 시선이 다른 곳으로 옮겨가는 순간 방바닥과 벽에 그림을 그리고, 휴지를 잔뜩 풀어 놓는다.

과연 민준이의 이 같은 행동이 특별히 산만하거나 유별난 행동일까? 민준이의 행동에 걱정이 깊어지는 엄마의 마음처럼 대부분의 부모들은 여러 가지 육아 고민을 갖고 있다. 특히 한창 자기 고집이 강해지며 이것저것 호기심이 왕성해지는 3~5세 아이를 둔 부모라면 공감할 수 있을 것이다.

나의 어린 시절을 떠올려보았다. 엄마의 원피스를 입겠다며 옷장에서 엄마의 옷을 잡히는 대로 꺼내 놓은 적이 있었다. 또 종이 찢기에 재미가 들려서 방바닥에 수북이 종이를 쌓아 두었던 때도 있었다. 지금 생각해보면 재미있었지만 내가 어질러 놓은 것들을 정리하느라 엄마가 힘들었을 생각을 하니 미안한 마음이 든다. 그런데 대부분의 아이들은 일거리를 만들게 마련이다. 하지만 엄마는 아이의 말썽을 참지 못하고 혼을 내고 곧바로 후회를 한다. 그리고 다른 집 아이는 말썽도 안 피우고 얌전한 것 같은데 유독 내 아이만 말썽꾸러기인 것 같아 속상해하기도 한다.

며칠 전 〈슈퍼맨이 돌아왔다〉라는 육아 프로그램을 보았다. 연예인 이휘재의 아이들인 쌍둥이 형제 서언이, 서준이의 이야기다. 형제들은 식탁에 놓여 있던 달걀을 들고 뛰다가 바닥에 떨어뜨리고, 바닥에 떨어져 깨진 달걀을 온몸에 묻히며 장난을 쳤다.

이휘재에게 일어난 일은 어느 집에서나 일어날 수 있는 일이다. 시청자는 서언이와 서준이의 장난에 한바탕 웃을 수 있지만 부모

입장에서는 마냥 웃고 넘어갈 수 없을 것이다. 보통 다른 가정에서 이와 같은 상황이었다면 어땠을까? 대부분 부모들은 당혹감과 동시에 달걀을 치울 생각에 머리가 아플 것이다. 그리고 아이를 혼내면서 장난칠 시간을 준 것을 후회하기도 한다.

서언이와 서준이는 왜 달걀을 깨뜨리고 온몸에 칠하며 놀았을까? 분명한 것은 아빠를 힘들게 하려고 일부러 그런 것은 아니다. 아이의 행동에는 반드시 나름의 이유가 있다. 그것이 어른들이 생각하기에는 별것 아닌 것 같아도 아이의 입장에서는 호기심이 가득한 일이다. 방송에서 보여준 서언이와 서준이의 행동도 마찬가지다. 아이들은 달걀이 깨졌을 때 어떻게 되는지 궁금했을 수도 있고, 달걀을 깨는 것 자체를 즐겼을 수도 있다. 아니면 둘 다일지도 모른다.

이 시기의 아이들은 자신의 행동의 결과로 벌어질 상황을 잘 판단하지 못한다. 그래서 행동하는 데 망설임이 없다. 일단 저질러 놓고 부모의 표정과 분위기를 살핀다. 또 그런 눈치조차 못 챈 아이들은 왜 엄마, 아빠가 화가 났는지 모르고 웃기도 한다.

아이들은 그저 말썽만 피우는 존재일까? 그러나 상황들을 살펴보면 아이들에게만 잘못이 있는 것은 아니다. 집 안을 난장판으로 만드는 아이는 이미 상습범이 되어 있다. 아이는 물건을 이용해서 집 안을 잘 어질러 놓는다. 이미 물건의 위치와 어떻게 해야 손으로 잡을 수 있을지까지 알고 있다. 아이의 부모도 어느 정도는 아이의 행동반경을 눈치채고 있다. 아이의 처음 행동이 자연재해와도 같았다면 그 다음부터는 인재에 해당한다. 행동반경이나 의사결정에서 더 우위에 있는 부모는 아이의 행동을 제어할 수 있다. 아이가 아무리 동에 번쩍 서에 번쩍하더라도 결국 부모의 손바닥 안에 있는 것이다.

앞에서 말한 민준이는 장난감을 많이 어지르는 아이다. 간혹 티슈를 뽑아 놓기도 하고 벽이나 바닥에 그림을 그려 놓는다. 이 상황에서 부모가 할 수 있는 것은 무엇일까? 아이를 야단치는 것도 방법이지만 효과는 오래가지 않는다. 아이를 혼내고 나면 부모 마음도 편하지 않다. 그리고 이것은 어디까지나 사건이 일어난 뒤에 할 수 있는 일이다. 이미 아이가 이런 행동을 여러 번 했다면 예방책을 세우는 것이 중요하다.

아이들은 자신이 혼났다고 생각하면 자존감이 떨어진다. 특히 부모는 감정이 격해질 때 매를 들기도 한다. 이런 상황이 반복되면 아이의 자존감은 더 빠른 속도로 낮아진다. 아이는 무엇인가를 탐색하고 싶은 마음을 잃어버리고 자신에 대한 믿음도 떨어지게 된다.

혼내는 것이 최선은 아니다. 무엇이든지 예방이 중요하다. 간단하게 티슈나 두루마리 휴지를 아이의 손이 닿기 어려운 곳에 두는 방법도 있다. 벽에 전지를 여러 장 붙여서 벽지에 낙서하는 것을 방지할 수도 있다. 아이가 단순히 그림 그리는 것 자체를 원하는 것이라면 커다란 스케치북을 주거나 바닥에 그려도 괜찮은 펜을 준다. 요즘은 벽을 칠판처럼 사용할 수 있도록 도배하는 집도 많아졌다.

아이가 달걀을 깨는 장난을 친다면 부모와 함께 빵 만드는 시간을 만들어보자. 달걀을 직접 깨서 밀가루를 넣어 반죽하게 해보는 것이다. 그러면 아이는 달걀을 깨는 것을 부모의 안전한 테두리 안에서 경험하게 된다. 그리고 밀가루를 반죽하며 새로운 촉감에 흥미를 갖게 된다. 또 두루마리 휴지를 푸는 것이 문제라면 두루마리 휴지처럼 천을 말았다가 풀 수 있는 장난감을 찾아보자. 장난감을 구할 수 없다면 랩을 감고 있는 심을 이용해 옷을 말아보자.

장난감을 정리하지 못하는 아이에게는 장난감을 담아두는 상자를 지정해주도록 한다. 정리정돈 습관이 제대로 되어 있지 않은 아이는 장난감을 상자 안에 넣는 것을 놀이처럼 여기도록 하면 좋다. 부모와 함께 상자 안에 누가 먼저 장난감을 많이 넣는지 시합을 하는 것도 좋은 방법이다. 또 장난감 상자를 아이가 직접 고르게 한다면 아이는 자신이 고른 상자에 더욱 애착을 가지고 정리를 하게 된다.

만약 장난감 중에 자동차가 많다면 책꽂이 중의 일부를 장난감 자동차 전용 주차장처럼 만들어서 아이의 장난감을 주차시키도록 한다. 부모와 함께 자동차를 타고 다니다가 주차하는 것을 본 아이라면 놀이를 하며 자동차를 주차시키려고 노력할 것이다. 그 외에도 서랍에서 물건을 마구잡이로 꺼낸다면 잠금장치를 걸어둔다. 어른들은 간편하게 열고 닫을 수 있고, 아이들은 열기 어려워서 좋다.

지금까지 직접적인 예방책들을 찾아봤다면 이제 아이의 마음을 살펴보자. 아이는 놀이를 통해서 경험하고 습득한다. 그래서 아이가 말썽을 피웠던 상황을 역할놀이로 재현해보는 것이 좋다. 역할놀이로 아이는 상황과 부모의 마음을 이해할 수 있다. 그리고 부모는 자신의 행동이 아이에게 어떻게 보이는지도 알게 된다. 그리고 말썽을 피우는 것을 주제로 한 동화책 등을 보여주면서 아이와 대화하는 것도 좋다. 일상에서 아이와 어떤 행동을 하면 어떤 일이 일어날지 예상해서 맞혀보는 놀이를 수수께끼처럼 즐겁게 할 수 있다.

부모가 되는 것은 어렵다. 아이는 고무공처럼 예측하기 어렵고 그런 아이를 볼 때마다 부모는 저절로 한숨이 나온다. 하지만 만약 아이가 어른처럼 행동한다면 어떨까? 당장은 편하겠지만 아이와 함께 서로를 알아가는 재미는 덜할 것이다.

지금의 일들을 언젠가는 웃으면서 이야기할 날이 올 것이다. 지금은 온 집 안을 난장판으로 만드는 아이로 인해 힘들지만, 하나씩 해결해나가다 보면 느끼는 보람도 있다. 또 부모가 아이와 함께 사랑을 나누는 계기로 만든다면 성장하는 아이의 모습에 가슴이 벅차게 된다.

## 02 거짓말하는 아이

모든 사람을 얼마 동안 속일 수는 있다.
또 몇 사람을 늘 속일 수도 있다.
그러나 모든 사람을 늘 속일 수는 없는 것이다.
– A. 링컨

    수진이 엄마는 맞벌이를 하는 워킹맘이다. 다행히 시어머니의 도움으로 아이를 돌보는 부담은 적다. 그래서 시어머니에게 고마운 마음과 동시에 부담도 느끼고 있다. 그런데 수진이의 계속된 거짓말에 수진이 엄마와 시어머니 사이에 깊은 골이 생기기 시작했다.

    수진이는 어린이집에서 귀가 후 할머니와 함께 있다가 퇴근 후 엄마가 데려갔다. 수진이는 집에서 아침을 먹고 어린이집에서 점심을 먹고, 할머니와 저녁을 먹는다. 그런데 할머니에게 "나 아침에 밥 안 먹었어.", "배고프다고 했는데 엄마가 밥 안 줬어."라고 말한다. 그리고 반대로 엄마에게는 "할머니가 밥 안 줬어.", "배고파."라고 말했다.

할머니는 아이를 아침부터 굶긴다며 수진이 엄마를 못된 며느리 취급을 했다. 그리고 수진이 엄마는 아이를 늦은 시간까지 굶긴다며 시어머니를 원망했다. 결국 수진이 엄마와 시어머니는 이 일로 다퉜다. 수진이의 거짓말이 결국 터진 것이다. 시어머니는 며느리의 말에 말도 안 되는 소리라며 아이를 아침도 안 먹이는 며느리가 거짓말을 한다고 화를 냈다. 그런데 수진이 엄마는 아침은 잘 먹고 갔는데 무슨 소리시냐며 물었다. 오히려 시어머니가 아이에게 저녁을 주지 않아 늦은 시간에 아이가 저녁을 먹어야 한다며 서로 큰소리를 냈다.

수진이는 엄마와 할머니가 싸우길 원해서 거짓말을 한 것일까? 아이는 자신의 상상을 현실로 착각해 그렇게 말한 것일 수도 있다. 또 정말 밥을 안 먹은 날을 착각해 잘못 말했을 수도 있고, 정말 밥을 안 먹은 날을 기억해서 그렇게 말한 것일 수도 있다. 그러나 자신의 말에 따라서 할머니와 엄마의 태도가 달라지는 것을 보고 행동이 강화되었을 가능성이 높다.

수진이가 아침밥을 안 먹었다고 했을 때 할머니는 안쓰러운 마음에 수진이가 좋아하는 햄과 고기반찬을 해주었다. 그리고 잘 먹어야 한다고 했다. 그리고 수진이가 저녁밥을 안 먹었다고 했을 때 엄마는 몸이 피곤해 치킨을 사 주었다. 그 후에도 할머니는 계속해서 수진이가 좋아하는 반찬을 차려주었고, 엄마는 자신이 신경을 쓰지 못한다는 미안한 마음에 피자, 빵, 과자 등을 사 주었다.

과연 수진이의 거짓말을 수진이의 잘못이라고만 할 수 있을까? 수진이의 엄마와 할머니는 아이를 위하는 마음에서 그렇게 했지만 결과적으로는 수진이의 거짓말을 부추긴 것이다. 수진이는 밥을 안 먹었다고 말하면 할머니와 엄마의 관심을 받으면서 자신이 좋아하는 음식을 먹을 수 있다는 사실을 알게 되었다.

물론 아이들의 거짓말은 그 유형이 다양하다. 꼭 수진이와 같은 거짓말만 하는 것은 아니다. '자기중심적 사고형'은 보통 첫 거짓말을 시작하는 만 3세 이후에 많이 나타난다. 현실과 자신의 생각을 잘 구분할 줄 모르기 때문에 발생하는 것이다. 이때 아이들은 자신이 한 말이 거짓말인지 명확하게 이해하지 못한다. 이 시기 아이가 거짓말을 하면 크게 야단치기보다는 아이의 말에 공감하며 그것을 구분할 수 있도록 도와야 한다.

예를 들어, 아이는 주말 동안 집 안에만 있었다. 그런데 월요일에 만난 이웃집 아주머니가 "주말에 뭐했니?"라고 물었을 때 아이가 "어제 놀이동산에 다녀왔어요."라고 말할 수 있다. 그리고 부모는 아무것도 사 주지 않았는데 "아빠가 로봇 장난감 사 줬어요."라고 말하기도 한다. 이럴 때 부모는 당황하지 말고, 아이가 자신의 생각과 소망을 현실과 구분하지 못하고 말한다는 것을 인식해야 한다. 그럴 때는 "민지가 놀이동산에 가고 싶었구나. 다음에 엄마, 아빠랑 같이 다녀오자."라고 말할 줄 알아야 한다. 또 "유빈이가 로봇 장난감이 갖고 싶었구나. 지금은 사러 갈 수 없으니 유빈이 생일날에 선물로 사 줄게."라고 이야기한다. 이로써 부모는 아이의 마음을 이해할 수 있고 아이는 스스로 상상과 현실을 구분할 수 있게 된다.

만약 이때 "거짓말하지 말랬지!", "또 거짓말을 해!", "네가 언제 거기 다녀왔니?", "거짓말쟁이." 등의 말로 아이를 압박한다면 아이는 자신의 잘못을 알지 못한 채 부모에 대한 무서운 감정만 키우게 될 것이다.

거짓말을 하는 유형에는 '자기중심적 사고형' 외에도 '회피형', '관심 끌기형', '욕구 불만형', '현실 도피형' 등이 있다. 이러한 유형은 고의적인 거짓말을 시작하는 만 4세 이후에 많이 나타난다. 이 시기에는 자신이 거짓말을 한 것을 엄마가 알고 있다는 것을 인식시키는 것으로도 훈육은 충분하다. 물론 거짓말의 정도가 심하다면 단호하게 훈육할 수도 있다. 하지만 "초기에 버릇을 잡아야지!"라며 심하게 아이를 대하는 것은 이 시기에 별로 효과가 없다.

그러나 옳고 그름을 구분할 수 있는 나이인 만 6세 이후에는 거짓말을 하는 이유가 어른들만큼이나 다양해지기 때문에 꼭 단호하게 훈육을 해야 한다. 그렇다고 크게 소리를 지르거나 압박, 비난해서는 안 된다. 거짓말을 하는 아이의 상황과 감정에 대해 공감하고, 객관적으로 상황을 이야기해줌으로써 거짓말을 하면 안 되는 이유를 알게 해야 한다.

'회피형'의 경우 많은 아이가 자신이 잘못을 저지르고는 "내가 안 그랬어.", "동생이 그랬어.", "친구가 그랬어."라고 거짓말을 한다. 이것은 자신이 일부러 하지 않았을 때나 야단맞을 것이 두려워할 때 하는 거짓말이다. 이런 유형의 거짓말에는 훈육이 필요하지만 다그치거나 화를 내서는 안 된다. 아이의 이야기를 들어보고 상황을 살펴본 뒤 아이가 자신이 한 것을 정말 모르고 한 말이라면 "정말 몰랐구나. 그럴 수 있어. 모르고 실수할 때도 있는 거야."라고 말해준다. 그리고 혼이 날까 봐 두려워서 거짓말을 감추는 경우에는 "네가 했다고 해도 엄마는 크게 혼내지 않아. 오히려 거짓말을 하는 것이 더 나쁜 행동이야."라고 타이르는 것이 좋다.

'관심 끌기형'은 아프지도 않으면서 "엄마, 여기 아파.", "여기 호 해줘.", "여기 아야 해."라며 부모의 관심과 보살핌을 받고 싶어 한다. 이것은 자신이 부모의 사랑과 돌봄을 받고 있다는 것을 확인하고 싶어서 하는 거짓말이다.

앞서 수진이 또한 자신이 밥을 안 먹었다고 했을 때 할머니와 엄마의 관심을 이끌어낼 수 있었다. 그래서 '관심 끌기형' 거짓말을 반복했다. 이럴 때는 아이가 원하는 사랑과 관심을 충족시켜주어야 한다. 아이 스스로 거짓말을 했다는 것을 인식할 수 있도록 하는 것이 중요하다.

만약 아이가 '관심 끌기형' 거짓말을 한다면 "우리 세진이가 아프구나. 여기가 아프니? 그런데 엄마가 보기엔 세진이가 아프지 않은 것 같구나.", "수진이가 배가 고프구나. 어디 우리 딸 배 좀 보자.

그런데 방금 전에 저녁을 먹어서 수진이가 배고프지 않은 것 같구나."라고 말한다. 이로써 아이가 원하는 관심을 충족시켜주고, 아이에게 자신이 거짓말을 했다는 사실을 인식시켜준다.

'욕구 불만형'은 자신이 갖고 싶었던 친구의 물건을 몰래 가져가고는 그것을 들켰을 때 친구가 주었다고 거짓말을 하는 경우다. 주로 친구의 장난감을 몰래 가져가거나 빼앗고 나서 "친구가 줬어요.", "바닥에 떨어져 있는 거 주웠어요.", "저기에 있었어요.", "친구 장난감인 줄 몰랐어요."라고 자신이 한 행동이 나쁘지 않은 것처럼 말한다.

이런 거짓말은 자신의 행동이 잘못된 것이라는 것을 알고 어른에게 혼나는 것이 무서울 때 하는 거짓말이다. 이럴 경우에는 아이의 마음을 공감해주는 한편 아주 엄한 목소리로 단호하게 훈육해야 한다. 그리고 자신의 행동으로 인해 다른 사람에게 피해가 간다는 것도 꼭 인지시켜야 한다. 만약 대충 넘어간다면 아이는 이런 행동을 반복할 가능성이 높다.

'현실 도피형'은 숙제가 있는데도 엄마에게 "오늘은 숙제가 없어요."라고 말하는 것이다. 또 "오늘 학원 쉬는 날이에요." 등 해야 할 일을 하기 싫어서 거짓말을 내뱉는다. 이런 거짓말은 현실을 피해서 자신의 즐거움이나 편함을 유지하고 싶을 때 많이 한다. 그때는 "오늘 숙제가 있는 걸로 알고 있어. 놀고 싶은 마음은 알겠지만 숙제부터 하고 놀자."라고 말한다. 이미 숙제가 있다는 것을 엄마는 알고 있다는 사실을 말하고 그다음 아이가 해야 할 행동을 알려주는 것이다.

학원의 경우에도 "오늘은 쉬고 싶은가 보구나. 하지만 학원은 오늘 쉬는 날이 아니야. 학원에 다녀와서 쉬자."라고 말한다. 그리고 위와 같이 아이의 거짓말을 엄마가 알고 있다는 것을 말하고 그다음 아이가 해야 할 행동을 알려준다. 만약 아이가 끝까지 거짓말을 한다면 아이와의 극단적인 충돌을 예방하기 위해서 아이의 행동에 대해 실망감을 표현한다. 그리고 다음에는 자신이 해야 할 일에 대해 책임을 지고 꼭 하기로 약속하며 상황을 마무리한다.

훈육도 교육의 일환이다. 거짓말하는 아이를 훈육할 때는 과도하게 야단치면 안 된다. 아이가 같은 잘못을 반복하지 않도록 해야 하지만, 부모가 이미 흥분을 한 상태라면 감정을 추스른 뒤 아이에게 설명해야 한다. 아이가 거짓말을 했을 때 화를 내거나 큰소리로 꾸짖기보다는 차분하게 이야기해야 하는 것이다.

부모가 화를 내면 더 심하게 혼날지도 모른다는 두려움과 반발심에 아이는 진실을 말하기 어려워진다. 곧 자신의 잘못을 인정하기 힘들어지는 상황으로 이어진다. 거짓말을 한 아이에게 "또 거짓말했어! 이 못된 거짓말쟁이야.", "넌 거짓말하는 나쁜 아이야." 등 부정적인 말은 아이에게 낙인을 찍는 셈이 되어 상황을 더 악화시킬 수 있다.

거짓말을 하는 아이를 훈육할 때는 일관된 태도가 매우 중요하다. 아이의 거짓말은 똑같은데 부모의 기분에 따라 훈육 태도가 바뀌어서는 안 된다. 어느 때는 기분이 좋고, 또 어느 때는 별일이 아닌 것처럼 넘어가는 상황은 좋지 않다. 부모의 기분에 따라 아이를 훈육한다면 아이에게 혼란만 일으킨다. 오히려 아이는 부모의 눈치를 보며 상황에 따라 자신에게 유리하도록 거짓말하는 방법만 기를 수 있다.

모든 관계의 기본은 믿음이다. 아무리 거짓말을 자주 하는 아이라고 해도 심증만으로 아이를 몰아세우면 안 된다. 관계에 불신이 생겨 아이는 부모에게 진실을 말하지 않게 된다. 증거가 없고 심각한 거짓말이 아니라면 차라리 아이에게 속아주는 척하면서 넘어가는 것도 방법이다. '우리 엄마, 아빠는 내 편이야'라는 믿음은 일시적인 거짓말이 습관적인 거짓말이 되는 것을 막을 수 있다. 또 실수로 거짓말을 했더라도 부모에 대한 신뢰는 금방 진실을 말하게 하는 교두보 역할을 한다.

부모도 아이가 자꾸 거짓말을 하면 얄미워질 수 있다. 그리고 부모는 아이가 아직 어리다는 것을 알면서도 아이의 거짓말에 감정이 격해질 때가 많다. 아이의 거짓말이 때로는 화가 나고 당황스러워도 아이는 보듬고 감싸줘야 할 존재다. 하나씩 아이의 거짓말 유형을 생각해보고 그에 맞는 훈육을 한다면 조금씩 달라지는 아이를 보게 될 것이다.

> 사랑이 두려운 것은 사랑이 깨지는 것보다 사랑이 변하는 것이다.
> – 니체

"엄마는 동생만 좋아해!"

오늘도 지은이는 엄마에게 혼이 나서 삐쳤다. 지은이는 평소 자기주장이 강한 아이지만 공격적인 성향은 아니었다. 하지만 네 살 터울의 동생이 생기고 달라졌다. 툭하면 동생을 꼬집고 깨물고 때렸다.

"선생님, 얘가 자꾸 왜 이럴까요? 전엔 안 그랬는데."

요즘 엄마는 동생이 태어나고부터 이어지는 지은이의 행동에 고민이 많아졌다. 지은이뿐만 아니라 많은 첫째들이 동생을 때리거나 괴롭히는 행동을 한다. 그래서 엄마들이 "우리 애는 뭐가 문제인 건지, 아무리 혼내고, 달래도 자꾸 동생을 때려요.", "애가 다른 사람한테는 안 그러는데 동생한테만 유독 공격적이에요. 도대체 같이 둘 수가 없다니까요.", "다른 사람들이 아이를 또 낳는다고 하면 말리고 싶어요. 한 명이랑 두 명은 키우는 게 천지차이예요."라고 말한다.

그렇다면 도대체 왜 지은이는 동생을 때리고 괴롭힐까? 지은이가 나쁜 아이라서 그럴까? 사실 지은이는 이전과 똑같다. 다만 상황이 변한 것이다. 항상 지은이만 바라보던 엄마의 시선이 동생에게 가 있고, 지은이만을 위하던 엄마는 이제 동생을 먼저 생각한다. 지은이는 엄마의 사랑을 뺏어간 동생이 싫은 것이다. 인터넷에 다음과 같은 글이 올라왔다.

'항상 나만 바라보고 사랑한다고 하던 사람이 어느 날 다른 사람을 데려왔어요. 그 사람이 데려온 사람은 나보다 어리고 귀여워요. 내가 사랑하는 사람은 나보고 그 사람을 잘 보살펴주래요. 다른 사람을 데려오고서부터 나를 사랑스럽게 바라보던 눈빛으로 그 사람을 보고 나를 안아주던 손으로 그 사람을 안아줘요. 이제는 나를 사랑하지 않는 것 같아요.'

이 글을 본 많은 네티즌들이 '이건 바람이네, 바람이야', '나쁜 인간이네, 헤어져라', '왜 그걸 참고 있냐', '그런 인간들은 없어져야 해', '다른 여자를 데려오다니, 이혼이네!' 등 다양한 댓글을 달았다.

이 글을 처음 보는 사람들은 어떤 생각을 할까? 네티즌들의 반응을 본 글쓴이는 이것이 동생이 새로 생긴 아이의 마음이라고 밝혔다. 네티즌들이 말한 나쁜 인간은 누구이며 관계를 끝내야 한다고 생각할 정도의 상황에 놓여 있는 사람은 누구일까? 같은 상황인데도 어른은 더 서운하고 아이는 덜 서운할까? 아무것도 모르는 것 같아도 아이는 느끼고 생각한다. 엄마의 시선이 어디에 있는지, 엄마의 생각이 누구에게 있는지 다 알고 있다. 본능적으로 아는 것이다.

동생이 태어난 아이는 자신만을 사랑해주던 부모의 관심이 동생에게 향하는 것을 느낀다. 부모는 동생이 태어난 순간부터 아이를 다 큰 것으로 생각한다. 아이에게 어떠한 설명도 없이 "넌 언니니까, 동생에게 양보해야지.", "네가 형이잖아, 참아."라고 이야기한다. 아이는 납득하기도 힘들뿐더러 동생과 엄마, 아빠에 대한 원망이 커진다.

동생이 생긴 아이는 아직 어린 나이어도 다른 또래보다 더 어른스러운 행동과 책임감을 요구받게 된다. 동생이랑 싸우면 동생보다 더 혼나고 동생에게 많은 것을 양보해야 한다. 그리고 동생이 엄마 품에 안겨 있는 것을 지켜보아야 한다. 항상 내가 앉던 엄마의 무룔이 동생 차지가 되어 바라보기만 해야 할 때 아이의 기분은 어떨까? 부모는 아이에게 경쟁자인 동생을 사랑해주고 모든 것을 나누어주기를 기대한다. 하지만 아이에게는 벅찬 요구다.

어른도 자신이 사랑하는 사람이 다른 사람을 사랑하면 속상하고 화가 난다. 아이는 성인보다 더 감정을 조절하기 힘들고, 사랑에 예민하다. 부모가 자신보다 동생을 더 사랑하는 것처럼 느껴진다면, 그 슬픔과 좌절감은 클 것이다.

동생을 괴롭히는 아이를 혼내기만 해서는 안 된다. 오히려 동생에 대한 질투심과 부모에 대한 원망이 깊어져 더욱 동생을 괴롭히게 될 수 있다. 아주 심한 경우 부모 앞에서는 착한 척 행동하지만 뒤에서는 동생을 괴롭히기도 한다.

아이가 동생을 괴롭히지 않도록 하기 위해서는 자신이 사랑받고 있다고 생각하게 해야 한다. 부모는 아이에게 지속적인 관심과 애정을 보여줘야 한다. 동생을 괴롭히는 행동은 질투심에서 비롯된다. 하지만 자신이 충분히 사랑받고 있다고 느낀다면 동생에 대한 질투심은 줄어들 것이다. 아이들은 부모가 표현하지 않으면 자신이 얼마나 사랑받고 있는지 모른다. 품에는 동생을 안고 있어도 아이에 대한 사랑을 표현해야 한다. 말로 해도 좋고 동생이 자는 시간 동안 온전히 아이와 함께 시간을 보내도 좋다.

그리고 동생이 생기기 전 아이가 태어났을 때부터 찍은 사진을 보며 그 속에 담긴 이야기를 해주는 것도 좋다.

"네가 아기였을 때도 엄마, 아빠가 이렇게 널 많이 사랑하고 도왔단다. 동생은 아직 어려서 할 수 있는 것이 많지 않아. 그래서 우리가 많이 도와줘야 해."라고 설명한다. 이런 이야기를 들은 아이는 자신보다 작고 어린 동생을 도와야 하는 존재로 비로소 인정하게 된다. 동생을 질투의 대상이 아닌, 부모와 함께 자신이 돌봐야 하는 대상으로 여기게 되는 것이다.

부모와 함께 동생을 돌보는 아이는 통제력을 갖게 된다. 예를 들어, 만 3세의 아이에게 "엄마가 아기에게 맘마 먹이는 동안 아빠하고 놀래, 아니면 엄마 옆에 앉아서 아기에게 책을 읽어줄래?"라고 선택하게 한다면 아이는 자신이 한 선택에 대해 통제력을 갖고 행동하게 된다. 또는 "기저귀 좀 가져다줄래?"라고 말하며 동생을 돌보는 데 참여시킨다. 아이가 동생을 돌봐줬을 때 칭찬을 많이 해주고 아이의 행동을 격려해주면 좋다.

만 3세가 되기 전 아이들은 정상적인 발달 과정을 겪으면서도 공격적인 행동을 보일 수 있다. 특히 동생과 한두 살 터울이 날 경우 큰아이도 아직 영아기다. 그래서 이때의 아이들은 공격적인 성향을 스스로 판단하고 조절하기 어렵다. 그런데 이 점을 모르고 아이의 공격적인 행동만 보고 '우리 아이는 잘못 성장하고 있어'라고 생각하면 안 된다. 즉 이러한 행동들은 아이들이 자라는 과정에서 겪는 행동 중 하나이기 때문에 나쁜 고정관념을 가지는 것보다 이해하며 올바른 길로 훈육하는 것이 좋다.

옛날에는 '말 안 듣는 아이는 때려야 된다'는 사고방식을 갖고 있었다. 그러나 매를 드는 방식은 아이의 행동을 바꿀 수는 있어도 근본적인 해결책은 될 수 없다. 동생을 때리는 아이는 어떻게 훈육해야 할까? 먼저 가정 내에서 분명한 규칙을 정한다. 어떤 상황에서도 누군가를 때리거나 물건을 던지면 안 된다는 규칙을 정해야 한다. 공격적인 행동이 일어났을 때만 혼내는 것이 아니라 평소에도 규칙을 가르치고 강조하는 것이 중요하다. 그리고 이 규칙을 집안 모든 사람이 지키는 모습을 보여줘야 한다.

그다음은 동생을 때릴 만큼 화가 난 이유를 표현할 수 있도록 가르친다. 그리고 화가 났을 때 풀 수 있는 좋은 행동을 말해준다. 동생에 대한 공격적인 행동은 아이가 좌절했을 때, 즉 화가 났을 때 가장 많이 일어난다. 따라서 어느 정도 말을 할 수 있는 나이라면 자신이 화가 난 이유를 말하고, 어떻게 하면 화가 나지 않을지 부모와 함께 대안을 찾아본다. 예를 들어, 동생이 자신의 장난감을 만진 것이 화가 나서 동생을 때렸을 경우 왜 화가 난 것인지 표현하도록 한다. "동생이 내 장난감 만져서 미워요."라고 말한다면 부모는 "동생이 장난감을 만져서 속상했구나."라고 대답해준다. 아이의 감정에 공감해주면서 화가 나도 동생을 때리면 안 된다는 것을 단호하게 말하는 것이다. 그리고 어떻게 하면 동생이 장난감을 만지지 않도록 할 수 있을지 아이와 이야기를 나눈다. 그러면 아이는 "아가가 못 만지게 높은 곳에 올려놓아요.", "아가가 작은 방에서 못 나오게 해요." 등 다양한 이야기를 할 것이다. 그러면 그중에서 실현 가능한 것을 바로 실행한다.

동생을 때리는 아이를 훈육할 때 주의할 점은 세 가지가 있다.

첫째, 절대로 체벌로 아이를 바꾸려고 하면 안 된다. 체벌은 어른이 아이에게 가하는 공격적인 행동이기 때문에 체벌을 받으면 아이는 공격성을 몸으로 경험하고 모방하게 된다. 그 결과 분노가 쌓여 더욱 극단적인 행동을 할 수 있다.

둘째, 아이가 원하는 것을 무조건 들어줌으로써 동생을 공격하지 않게 하면 안 된다. 아이는 '원하는 것을 얻으려면 동생을 공격하면 된다'라고 학습할 수 있다. 결과적으로 동생을 때리거나 괴롭히는 행동이 더욱 증가할 수 있다.

셋째, 부모가 싸우는 모습을 보이지 않는다. 부모는 아이에게 합리적인 태도로 문제를 해결하는 모습을 보여야 된다. 그러면 아이도 함께 갈등 상황을 슬기롭게 해결하는 방법을 배우게 된다. 부모가 자주 다투거나, 힘이 센 사람이 가족을 지배하는 모습을 지켜볼 경우 자신도 이와 같이 문제를 해결하는 것을 당연하게 여기게 된다.

아이가 동생을 때리거나 괴롭힌다면 아이의 입장을 이해하는 것이 중요하다. 부모의 사랑을 독차지하다가 갑자기 동생이 생긴 상황이다. 부모는 "형이니까 참아.", "넌 동생만도 못하니?", "누나가 되어서 동생한테 양보할 줄도 알아야지?", "동생이 갖고 싶다고 하니까 넌 다음에 사 줄게."라고 말하는 것은 아이를 어른처럼 대하는 것이다.

하지만 첫째 아이도 아직은 어리다. 동생을 때리는 것은 "엄마, 나 속상해요.", "엄마, 나 슬퍼요.", "나 힘들어요.", "엄마, 나도 사랑해 줘요."라고 외치는 것과 같다. 속상한 마음을 동생을 때리는 행동으로 표현하는 것이다. 그래서 큰아이가 동생에게 부모의 사랑을 빼앗겼다고 느끼지 않도록 돌보는 것이 중요하다. 동생을 유독 귀여워하는 표현을 자제하고 동생을 안아주기 전에 먼저 큰아이를 안아줘야 한다. 그다음에 동생을 안아주면 아이는 자신은 동생과는 상관없이 계속 사랑받고 있다는 안정감을 느낀다. 그리고 아이가 동생에게 잘하는 것을 발견했을 때는 크게 칭찬해준다. 그러면 아이는 또 칭찬을 받으려고 그렇게 행동한다.

아이를 키우는 것은 정말 쉬운 일이 아니다. 엄마는 몸이 하나인데 아이들은 그런 엄마를 서로 차지하겠다고 싸운다. 이래서 엄마는 '몸이 열 개라도 부족하다'라고 말하는 것 같다. 물론 힘들고 인내심의 한계를 느낄 때도 있다. 하지만 부모의 마음이 아이에게 닿는다면 아이 또한 동생에게 사랑을 나누어줄 수 있는 모습으로 성장할 것이다.

## 04 밥 먹을 때마다 전쟁이에요

그대는 식사할 때는 서두르지만, 걸어갈 때는 한가하다.
그렇다면 왜 그대는 발로 식사를 하고 손바닥으로 걸어가지 않는가?
– 칼릴 지브란

"이것만 먹으면 만화 보여줄게."
"싫어! 안 먹을 거야!"

밥을 먹을 때마다 식탁에서 아이와 전쟁을 치른다. 밥을 먹이려는 엄마와 입을 손으로 막고 먹지 않으려고 하는 아이 사이에서 실랑이가 이어진다. 아이는 굶는 것을 오히려 더 편하게 생각하고 먹고 싶은 것만 먹으려고 한다. 엄마는 아이가 밥이라도 잘 먹으면 좋겠지만 하루가 다 가도록 제대로 먹으려 들지 않는다. 결국 아이가 좋아하는 애니메이션을 보여주고 그 사이에 아이 입에 한 숟가락씩 밥을 떠 넣어준다.

만약 내 아이가 이런 행동을 한다면 어떻게 해야 할까? 평소 좋아하는 것을 해주겠다고 사정해도 밥은 싫다고 한다. 아이가 밥을 잘 안 먹으면 속이 타는 것은 엄마뿐이다. 편식을 하는 아이는 올바른 성장이 이루어지지 않으며 소아 비만에 걸리기 쉽다. 거기에 충치가 생기기 쉽고 빈혈이 생길 수 있다. 그래서 엄마는 아이의 편식에 더욱 민감해지는 것이다. 밥을 잘 안 먹는 아이는 키가 잘 크지 않아 부모의 걱정은 이만저만이 아니다. 하지만 아이가 TV나 놀이에 열중할 때는 아예 밥을 먹이지 말아야 한다. 밥을 먹을 때는 TV 시청을 금하고 장난감도 전부 치워야 한다. 그래야 아이가 밥 먹는 데 집중하고 밥 먹는 시간을 즐길 수 있다.

다른 방법으로는 아이가 음식에 흥미를 가질 수 있도록 조리 방법에 변화를 준다. 아이가 싫어하는 음식을 잘게 썰어 조리하거나 아이가 좋아하는 음식과 섞는다. 아니면 아이가 싫어하는 음식과 같은 영양소가 들어 있는 다른 음식으로 대체한다. 아이가 좋아할 만한 메뉴를 골라 준비하는 것도 방법이다. 그리고 아이가 특정 음식을 싫어할 때는 음식에 익숙해질 시간을 가질 수 있도록 단계를 나누어 먹인다. 처음에는 숟가락을 대는 것부터 시작해서 냄새를 맡게 하고, 조금 맛을 보거나 입에 넣고 씹어보는 순서로 천천히 진행한다. 여기서 중요한 것은 아이가 음식을 먹지 않고 냄새만 맡고 도중에 숟가락을 내려놓거나 조금 맛만 보았다고 해서 혼내지 않는 것이다. 새로운 음식을 먹일 때는 아이가 익숙해지도록 일주일에 두

세 번 먹이는 것이 좋다. 이 과정에서 아이에게 강제로 음식을 먹이거나 잔소리를 하기보다는 아이를 믿고 기다려줘야 한다.

부모는 아이가 밥을 먹을 때 간섭을 하거나 과잉보호를 하면 안 된다. 때로는 어떤 음식을 싫다고 하는 아이를 의도적으로 무시할 수도 있어야 한다. 단, 이 방법은 평소에 아이가 충분히 '우리 엄마, 아빠는 나를 사랑해'라고 생각할 수 있을 때만 써야 한다. 만약 부모의 사랑에 대한 신뢰가 없는 상태에서 아이를 무시할 경우 아이는 편식이 아닌, 자신을 부모가 싫어한다고 오해하게 된다.

아이는 부모의 식습관을 닮는다. 아이의 편식이 고쳐지길 원하는 부모라면 자신의 식생활부터 먼저 바꿔야 한다. 부모가 먼저 편식하는 습관을 고쳐서 부모와 가족이 함께 맛있게 밥을 먹는 모습을 보여주면 아이는 자연스럽게 부모를 모방하며 편식을 고치게 된다.

아이에게 올바른 식사 예절은 제자리에서 먹는 것임을 가르쳐야 한다. 또 밥을 먹는 도중에 자리에서 일어나려고 하면 바로 밥상을 치우는 것이 좋다. 아이가 놀면서 먹겠다고 울더라도 아이가 바른 식습관을 가질 때까지 계속 단호한 태도를 보여야 한다. 식사시간이 끝나도록 아이가 안 먹고 보챌 때도 지체 없이 음식을 정리하는 모습을 보여줄 필요가 있다.

7세인 지현이는 편식이 심하다. 주로 채소를 먹지 않는데 특히 당근은 절대 먹지 않는다. 지현이의 엄마는 어떻게 해서든 먹이려고 노력했지만 계속 실패만 반복해 왔다. 아이의 건강이 걱정되어 어떻게 해야 당근과 채소를 먹일 수 있을지 엄마의 고민은 깊어졌다. 이럴 때 먼저 해볼 수 있는 방법으로는 편식에 관한 동화책을 아이와 함께 읽는 방법이 있다. 아이는 동화 속 주인공에 감정이입이 되어 무의식중에 그 내용을 모방하게 된다. 물론 한 번에 고쳐지는 것은 아니지만 책을 꾸준히 보면서 엄마와 약속하는 습관을 들이면 그것을 지키려고 노력하게 된다. 만약 책에 관심이 없는 아이라면 아이와 함께 서점에 가서 함께 책을 골라보자. 아이는 자신이 고른 책에 더욱 애착을 갖고 자주 읽게 된다.

또 아이가 싫어하는 음식과 그것을 먹는 동물을 연관 지어 이야기해보자. 당근을 먹는 토끼를 예로 들며 "우아! 토끼가 뭘 먹나 했더니 당근을 먹고 있구나. 정말 맛있겠다."라고 말한다. 그러면 아이는 "당근은 맛없어!"라는 반응을 보인다. 이때 엄마는 "그래? 토끼는 사탕보다 당근이 제일 좋대. 그럼 지현이는 뭐가 제일 맛있어?"라고 묻는다. 아이가 "사탕, 아이스크림."이라고 대답해도 "그렇구나. 다음엔 토끼가 좋아하는 당근도 먹어보자."라고 말한다. 비유를 들어 이야기하면 아이의 기분을 맞춰주면서 싫어하는 음식에 대한 거부감도 줄일 수 있다.

또 아이와 함께 아이가 싫어하는 재료로 요리를 해본다. 아이들은 자신이 싫어하는 것이라도 자신이 직접 요리한 것은 먹으려고 한다. 먼저 집에서 인터넷이나 요리책을 보며 아이가 싫어하는 채소가 들어가는 메뉴를 고르도록 한다. 그리고 필요한 재료를 함께 구입하며 흥미를 갖게 될 수 있도록 도와준다.

당근을 살펴보면서 흙이 묻은 당근과 깨끗이 씻어 나오는 당근의 차이를 알려주며 다른 채소에 대해서도 이야기해준다. 그리고 장을 봐온 재료로 함께 요리하면서 아이가 원하는 것은 잘할 수 있도록 도와주고 격려한다. 만약 아이가 관심이 없어 하더라도 당근이나 감자, 오이 등을 만져보고, 냄새도 맡아보도록 한다. 그리고 느낌 등을 이야기해보며 다양한 찍기 틀을 이용해서 예쁜 모양을 만들어본다. 그러면 아이는 음식을 놀이처럼 인식해 즐겁게 요리를 하면서 재료를 탐색하고 음식과 친해질 수 있다. 마지막으로 식사시간은 즐거운 것이라고 아이가 기억해야 한다.

"엄마는 지현이가 찍은 꽃모양 당근을 먹어야지."
"지현이는 어떤 모양을 먹을래? 하트 모양도 참 맛있겠다."

이와 같이 아이의 의견을 물어보고, 흥미를 유발하면 좋다. 이때 아이가 먹기를 시도한다면 "지현이가 요리를 맛있게 잘해서 당근도 잘 먹는구나!"라고 칭찬한다. 식사시간에는 음식을 먹음직스럽게 담아주고 아이가 좋아하는 예쁜 그릇을 사용한다. 친구들이나 형제가 함께 즐겁게 밥을 먹는 것도 좋다.

앞서 나온 사례 외에도 동생이 생겼다거나 부모의 불화 같은 불안한 경험을 한 경우 아이는 갑자기 편식을 하기도 한다. 이때는 아이가 부모의 사랑을 충분히 느낄 수 있도록 자주 안아주고 대화해야 한다. 어릴 때부터 입이 짧은 아이에게 먹는 것을 강요할 경우, 아이는 점점 더 음식을 멀리하게 된다. 최근에는 간식거리가 많이 늘면서 밥 먹는 양이 줄고 편식하는 아이들이 늘고 있는 추세다. 음식을 안정적으로 섭취하고 영양분이 잘 소화되며 흡수되어야 정상적인 발육을 기대할 수 있다. 밥을 잘 안 먹는 아이의 경우에는 가급적 단것을 비롯한 간식을 줄여야 한다. 그리고 소화되기 편한 음식을 양은 적게, 한 번에 먹기 부담이 되지 않도록 조리해서 먹인다. 이런 식으로 음식과 일단 친해지게 한 뒤 천천히 양을 늘린다.

아이가 좋아하는 반찬을 다 비우면 바로 그 반찬을 채워 놓지 않는다. 식탁에 아이가 좋아하는 음식과 덜 좋아하는 음식을 함께 올려놓고 덜 좋아하는 음식부터 먼저 먹게 하는 것도 방법이다. 또 밥을 먹기 전에 몸을 움직이게 한다. 그리고 식사시간 2시간 전부터는 간식을 주지 않아 밥을 먹고 싶게 해야 한다.

한편 식욕을 북돋우는 색깔의 식탁보를 깔아주어 밥 먹는 시간을 좋아할 수 있는 분위기로 만들어주고 식사시간은 최대한 규칙적으로 한다. 아이의 배를 자주 시계 방향으로 마사지해주면 소화가 잘되어 잘 먹는다. 잘 안 먹는 재료는 잘게 다져 김밥이나 볶음밥을 만들고 국으로 끓인다. 인형을 가져다가 식탁에 앉히고 인형에게 음식을 먹이면 아이가 자신도 인형처럼 먹겠다고 말하기도 한다. 또 아이의 친구가 잘 먹으면 칭찬해주며 아이가 따라 하도록 한다.

만약 아이의 체구가 왜소하다고 해도 건강하다면 굳이 억지로 먹일 필요는 없다. 하지만 아이가 통통하고 키가 큰데도 잔병치레를 한다면 생각해보아야 한다. 아이마다 성장하는 속도와 체격, 체질이 다르다. 아이가 당장 마르고 작다고 해서 조급해하지 않아도 된다. 원래 식욕이 왕성하지 않은 아이도 있고 뭐든 잘 먹는 아이도 있다. 아이를 부모의 기준에 맞추려고 하거나 부모의 기준으로 끌고 가려고 하면 안 된다.

얼마 전 아이가 밥을 잘 안 먹는다며 걱정하는 엄마를 만난 일이 있었다. 그래서 얼마나 먹이는지 물어봤는데 깜짝 놀랐었다. 보통 아이들이 먹는 양보다 훨씬 더 많은 양을 먹고 있었기 때문이다. 아이에게도 적당한 밥의 양이 있다. 부모가 보기에 적게 먹는 것처럼 보여도 아이의 입장에서는 많이 먹은 것일 수도 있다. 아이가 먹을 수 있는 양보다 많이 먹으라고 하면 아이에게 식사시간은 괴로운 시간이 될 수밖에 없다.

아이는 끌고 가는 것이 아니라 같이 가는 것이다. 말을 물가로 끌고 갈 수는 있지만 물까지 먹일 수는 없다. 이와 같이 아이 스스로 밥을 먹는 것이 중요하다. 혹시 부모는 아이가 쑥쑥 성장하길 바라는 마음에 과도한 욕심을 부리는 것은 아닌지 생각해보아야 한다. 엄마의 욕심을 버리고 아이의 눈높이에 맞추자.

## 05 화가 나면 소리부터 질러요

분노는 모든 일을 잘못되게 한다.
– 스타티우스

길에서 대여섯 살쯤 된 아이가 소리를 지르는 모습을 종종 본다. 이런 상황에서는 부모도 당황스럽게 마련이다. 그래서 아이가 빨리 조용해지기만을 바라며 서둘러 달래기 시작한다. 그런데 대부분의 사람들은 아이의 행동을 보며 엄마를 탓하기 시작한다.

"아이를 어떻게 키웠길래……."

주위의 수군거림을 들은 엄마의 마음은 어떨까? 소리를 잘 지르는 아이를 둔 엄마는 할 말이 많다.

"우리 아이는 태어날 때부터 순하다는 소리를 달고 살았어요. 그런데 얼마 전부터 화가 나거나 마음에 안 드는 일이 있으면 심하게 소리를 질러요. 제가 직장에 다니고 있어서 주로 시어머니께서 봐주시는데 아이의 버릇을 고쳐야 한다며 아이가 소리를 지를 때마다 혼내세요. 저에게도 혼내라고 시키시고요. 아이가 이렇게 화내고 소리 지를 때 어떤 태도를 보여주어야 하는지 잘 모르겠어요. 받아주고 달래주다 보면 아이의 버릇만 나쁘게 만들지 않을까 걱정돼요. 또 아직 어린아이인데 혼내는 것도 아이에게 상처가 될까 봐 그것도 걱정이 되네요. 어떻게 해야 할까요?"

순하던 아이가 갑자기 소리를 지르기 시작하자 엄마는 힘들다고 이야기했다. 첫아이라 막막한 것도 있는 데다 시어머니의 훈육이 아이를 더 삐뚤어지게 만드는 것은 아닌지 걱정했다. 순하던 아이가 왜 소리를 지를까? 많은 엄마들이 지금도 소리를 지르는 아이와 고군분투하고 있다. 고래고래 소리를 질러서 엄마를 힘들게 하는 것이 아이의 하루 일과다. 그런 아이를 보다 보면 엄마도 지친다. 하지만 엄마의 마음을 아는지 모르는지 아이는 오늘도 여전히 소리를 지른다.

만약 아이가 36개월 이전에 소리를 지르는 것이라면 혼을 내도 소용없다. 그 시기의 아이들은 말을 못하기 때문에 자신의 의사표현을 소리로 나타낸다. 그래서 부모가 혼을 내도 자신이 왜 혼나는지 모른 채 무서운 감정만 느낀다. 그 시기에는 아이들이 소리를 지르고 울면서 자신이 원하는 것을 강하게 표현한다. 아이가 소리를 지른다면 아이가 무엇을 원하는 것인지 파악해 보는 것이 중요하다. 그것이 무엇인지 알아보고 해결할 수 있도록 도와준다면 아이는 소리 지르는 것을 멈출 것이다.

소리를 지르는 원인을 찾기보다 당장 소리를 멈추게 하려고 무작정 달래주면 안 된다. 아이는 자신이 원하는 것을 얻지 못한 데 대한 답답함만 생길 뿐이다. 그뿐만 아니라 소리를 지르면 엄마가 자신에게 관심을 보인다는 것을 학습해 상황이 더 심각해진다. 할머니, 할아버지와 같이 사는 경우 너무 받아주는 것도 문제지만 엄하게 혼을 내는 것도 안 좋다. 대신 위험한 것이나 경고가 필요한 것은 부드러우면서도 단호하게 "안 돼."라고 반복하면서 피할 수 있게 해줘야 한다. 또 소리를 지르는 아이의 행동에 지나친 관심을 보이지 말아야 한다. 아이가 처음 소리를 지르면 아이의 새로운 행동에 깜짝 놀라 지나치게 관심을 보이는 경우가 많다. 그러면 아이는 엄마가 자신의 소리를 좋아하는 줄 알고 관심을 끌기 위해 더 크게 소리를 지르게 된다.

아이가 36개월을 넘기면 자신의 의사표현을 조금씩 할 수 있게 된다. 이때도 화가 난다고 무조건 소리를 지르면 문제다. 이때는 소리를 질러서 자신의 욕구를 표현하기보다는 말로 자신의 욕구를 표현해야 하는 시기이기 때문이다. 그래서 왜 아이가 소리를 지르는지 파악하고 신속하게 대응해야 한다. 이 시기에도 무작정 달래거나 심하게 혼내면 안 된다. 소리를 지르는 아이를 보는 것이 화가 나고 애가 타더라도 단호한 어조로 "안 돼.", "그만해."라고 말하며 멈추기를 기다려야 한다.

한 시간씩 소리를 지르는 아이도 있다. 도중에 너무 시끄러워서 아이를 달래준다고 안아주면 그동안 참은 것이 무용지물이 된다. 그러나 아이를 붙잡고 강압적으로 멈추려 하면 오히려 아이가 공포를 느껴 상처를 입는다. 때문에 아이가 잘못했을 때는 차분한 말투로 짧고 간결하게 아이에게 말해야 한다. 너무 길게 말하다 보면 불필요한 말을 하게 되어 정작 아이는 자신이 잘못한 것이 무엇인지 혼란스럽게 된다. 만약 아이를 혼낼 때 부모가 너무 감정적으로 흥분했다면 아이와 떨어져 아이 스스로 자신의 잘못을 생각할 시간을 줘야 한다. 부모로서 아이가 소리를 지르는 것이 힘들다면 아이의 장점 등을 생각하며 아이에 대해 화난 감정이 지속되지 않도록 한다.

아이가 충분히 말로 자신의 의사를 표현할 수 있는데도 계속해서 소리를 지른다면 아이에게 자신의 행동이 아무 소용이 없다는 것을 깨닫게 해줘야 한다. 아이가 소리를 지르면 "안 돼."라고 짧고 단호하게 말한 뒤 무관심하게 대한다. '점점 더 나아지겠지'라고 기다리기만 하고 아이의 고집을 받아주면 안 된다. 아이의 고집을 다

받아주다 보면 아이는 '내가 소리를 지르면 엄마, 아빠가 다 들어주는구나'라고 학습하게 된다. 그 상태로 그대로 두면 소리를 지르는 버릇을 고치기는커녕 아이가 소리를 지르는 강도가 점점 더 심해진다. 그리고 시간도 더 길어져서 부모는 더욱 쩔쩔매게 된다.

부모의 단호한 태도에도 아이가 여전히 소리를 지른다면 가족 중에 소리를 지르는 사람이 있는지 살펴본다. 간혹 엄마, 아빠 중에 자신의 기분에 따라 소리를 지르는 사람이 있다면 그것이 원인일 수 있다. 아이가 말을 안 듣거나 화나는 일이 있다고 부모가 소리를 지르면 아이는 그것을 그대로 모방한다. 부모의 행동을 통해서 '화가 나거나 기분이 나쁠 때는 소리를 지르는 것이다'라고 무의식중에 받아들이게 되는 것이다. 부모는 아이 앞에서 소리를 지르는 행동을 자제하고 다른 방법으로 풀어나갈 수 있도록 한다.

부모는 아이가 소리를 지르는 것을 예방하기 위해 노력해야 한다. 아이가 소리를 지르는 행동을 하는 기간이 길어지면 이제 부모도 아이가 어떤 상황에서 소리를 지르는지 알게 된다. 예를 들어, 좋아하는 장난감을 사 주길 바랄 때 부모가 안 사 주는 경우나, 조부모 앞에서 소리를 마음대로 질러도 부모가 엄하게 훈육하지 못한다는 사실을 알고 있을 때다. 또 자신이 좋아하는 옷을 입지 못하게 할 때 등 다양한 상황에서 아이는 소리를 지른다.

아이는 자신이 원하는 대로 하기 위해 소리를 지르는 것이다. 아이의 행동이 예측이 될 때는 미리 아이와 약속을 하면 좋다. 그리고 아이가 좋아하는 장난감 코너에는 가지 않도록 동선을 계획하는 방법도 있다. 또는 미리 조부모에게 양해를 구하고 소리를 지르면 할아버지, 할머니 앞에서도 혼이 난다는 사실을 아이에게 알게 해준다. 그리고 아이가 옷을 입기 전에 미리 어떤 옷을 입을지 정해두고 그 옷만 꺼내 놓는다.

아이와 부모는 대화를 통해 감정 교류를 해야 한다. 아이는 자신의 행동으로 인해 부모의 기분이 어떤지 파악할 수 있어야 하므로 대화를 많이 하는 것이 중요하다. 요즘은 감정을 주제로 한 동화도 많이 있으니 아이와 자주 읽으면 좋다. 부모와 아이가 함께 노력하다 보면 어느새 아이는 화가 나거나 속이 상할 때도 자신의 기분을 말로 표현할 것이다.

아이와 함께 시간을 보내다 보면 힘이 들 때도 있다. 한편으로는 아이의 행동에 걱정이 들 때도 있다. 이런 부모의 생각과 걱정을 아는지 모르는지 아이는 그런 하루를 매일 반복한다. 그러면 엄마도 지치고 아이도 지치게 된다. 그러나 아이의 "엄마, 사랑해요."라는 애교 한 번에 지친 마음이 녹아내린다는 것을 부모는 알고 있다. 부모는 아이와 함께 성장한다. 인내와 끈기를 가지고 사랑으로 보듬으면 아이도 어느덧 변화된 모습으로 보답할 것이다.

## 06 숨넘어갈 듯이 소리를 지르며 울어요

가장 충실한 사랑은 상대방의 말을 경청하는 것이다.
- 조이스 브라더스

    서윤이는 비명을 지르며 운다. 그래서 오늘은 자신이 원하는 대로 목욕을 하지 않았다. 서윤이는 자신이 원하는 것이 있으면 무조건 울기부터 한다. 큰 비명소리와 울음소리 때문에 다른 집에서는 아이를 학대하는 줄 알고 오해하기도 한다. 엄마는 그런 오해가 속상하면서도 자신이 원하는 것을 얻을 때까지 절대로 울음을 멈추지 않는 아이 때문에 마음이 아프다.

    상습적으로 소리를 지르며 우는 아이들은 보통 그 부모가 기분이나 상황에 따라 규칙을 바꾸는 경우가 많다. 만약 똑같은 상황에서 어제는 목욕을 하고, 오늘은 목욕을 하지 않았다면 아이는 혼란스러워진다. '목욕을 안 하는 것은 내가 소리를 지르고 울었을 때로 소리를 지르고 울면 내가 원하는 대로 이루어지는 것인가?'라며 긴가민가해한다. 그리고 얼마만큼 소리를 지르고 울어야 자신이 원하는 것을 이룰 수 있는지 시도해보는 것이다. 만약 반대로 항상 아무리 울고 소리를 질러도 꼭 목욕을 해야 한다는 규칙에 따랐다면 아이는 소리를 지르는 것과 우는 것을 멈췄을 것이다. 소리를 지르고 울어도 자신이 원하는 것을 얻을 수 없다는 것을 알면 더 이상 그 행동을 반복하지 않기 때문이다.

하지만 자신이 1~10 정도의 강도 중 5 정도의 강도로 울고 소리를 질렀을 때는 되던 일이 3 정도의 강도로 울고 소리를 질렀을 때는 안 된다면 아이는 더 크고 길게 소리를 지를 것이다. 그리고 울면서 자신이 원하는 것을 이루려고 한다. 그것은 당연한 행동이다. 아이는 전체적인 상황보다는 자신의 욕구에 더 민감하다. 자신이 소리를 지르고 울어서 엄마와 아빠가 힘든 것보다 당장 자신이 원하는 것을 얻는 것에 더 관심이 있다.

때로는 아이의 버릇을 고치겠다며 더 이상 아이를 봐주지 않고 버티는 엄마가 있다. 그런데 이런 엄마들은 보통 그런 행동을 오래 지속하지 못한다. 아이가 한 시간 정도 울게 되면 '혹시 아이가 저렇게 울다가 큰일 나는 건 아닐까?', '다른 집에서 항의라도 들어오면 어떡하지?', '시끄러워서 더 이상 못 참겠다'라고 생각하며 아이에게 항복한다. 아이가 원하는 것을 들어줄 생각이라면 차라리 아이가 울 때 들어주어야 한다. 아니면 끝까지 들어주지 않으며 일관성을 지켜야 된다. 일관되지 않은 부모의 태도는 아이에게 안정적인 느낌을 주지 못해서 아이는 불안한 마음에 더 소리를 지르고 울게 된다.

'나는 아무리 해도 아이가 왜 우는지 모르겠다' 싶은 사람은 일단 이것만 기억하자. 아이가 소리를 지르며 우는 행동은 '불안함'에서 비롯된다. 만약 아이가 울며 소리를 지르지 않아도 자신이 원하는 것을 얻고 부모로부터 안정된 느낌을 받는다면 아이는 울며 소리를 지르지 않는다. 잘 우는 아이의 경우 엄마와의 애착 관계가 잘 형성되었는지 살펴볼 필요가 있다. 엄마와 아이의 애착이 잘 이루어지지 않은 상황이라면 아이는 무의식중에 '엄마는 날 책임져야 해!'라고 생각한다. 그래서 자신이 원하는 것을 "나중에 해줄게."라고 하면 그 말을 믿기보다는 당장 소리를 질러 원하는 것을 이루려고 한다.

아이가 소리를 지르고 우는 행동을 보인다면 부모는 스킨십을 해주며 "사랑해."라고 말해보자. 아이는 곧 '나는 사랑받고 있구나'라고 느끼면서 무조건 우는 행동을 차츰 줄이게 된다. 물론 이것만으로는 더 나아지지 않을 수 있지만 부모와 아이 사이에 신뢰감이 생길 때 아이는 부모의 말을 듣는다는 사실을 깨달아야 한다. 소리를 지르고 우는 아이 중에는 까다로운 기질을 가진 아이들이 많다.

그런 아이들은 기본적으로 기대치가 높다.

예를 들어, 순한 기질의 아이는 자신이 좋아하는 장난감이 아니어도 까다롭게 굴지 않는다. 그러나 예민한 기질의 아이는 난리가 난다. 왜 자신이 원하지도 않는 장난감을 가져야 하는 것인지 납득하기 힘든 것이다.

까다롭고 예민한 아이는 오랜 시간 행동을 지켜보며 양육해야 한다. 그러다 보면 부모는 도중에 포기하기 쉽다. 하지만 그 순간을 이겨내야 한다. 까다로운 기질을 가진 아이들이 고집이 더 세긴 하지만 막상 스스로 어떤 규칙을 정하면 그것을 지키려고 애쓴다. 오랜 시간 공들여 아이가 소리를 지르면서 울 때마다 일관된 훈육을 하고 지속적으로 믿음을 심어준다면 아이의 마음속에 그것이 규칙으로 자리 잡는다. 그때부터는 굳이 부모가 뭐라고 하지 않아도 아이가 먼저 그 규칙을 지키기 위해 행동한다. 도리어 친구나 동생이 소리를 지르면서 울면 "안 돼."라고 말할 줄도 알게 된다.

때로는 단호하게 무시하는 것도 한 방법이다. 아이가 악을 쓰며 울어도 동요하지 말고 잠시 아이와 떨어져 있는 것이 좋다. 물론 부모는 아이가 보이는 상태여야 아이가 그런 행동을 멈췄을 때 반응할 수 있으므로 아이를 완전히 다른 방에 두지 말고 어느 정도 아이의 시야에서 벗어나면서도 가까운 거리에 있어야 한다. 아이는 자신을 봐주던 사람이 사라지면 더 이상 소리를 지르지 않고 곧 멈추게 된다. 엄마가 현장에서 벗어나는 순간이나 직후에 아이의 행동이 더욱 과격해지더라도 단호하게 넘어가는 것이 중요하다.

아이는 자신의 의견을 조용히 이야기할 때 부모가 반응하는 것을 보면서 자신이 소리를 지르고 우는 것이 소용없다는 것을 알게 된다. 그래서 아이가 막무가내로 행동해도 부모는 차분하게 대응하는 것이 중요하다. 그리고 아이에게 작은 목소리로 "천천히 작게 말해줄래? 네가 소리를 지르며 말하면 네 말을 들어줄 수 없어."라고 말한다. 그때 아이의 눈을 똑바로 보면서 이야기해야 한다. 아이의 모든 행동에 반응하지 말고 아이가 조용히 이야기할 때만 반응을 보이면 아이는 앞으로 자신이 어떻게 말하고 행동해야 하는지 깨닫게 된다.

아이들은 자신의 행동이 어느 정도 선까지 허용되는지 모를 때가 많다. 그럴 때는 아이에게 행동의 기준을 분명히 정해주고 그 선을 넘는 것은 안 된다는 것을 단호하게 알려주어야 한다. 그러면 소리를 지르고 울던 아이도 점차 자신의 행동이 부모가 정한 선에서 벗어났다는 것을 깨닫고 자제하려고 노력한다.

아이가 소리를 지르면서 우는 행동을 멈추면 칭찬해주고 많이 안아줘야 한다. 그렇다고 울음이 멈추자마자 칭찬하면 아이는 바로 다시 울 수 있다. 잠깐의 시간적인 여유를 두고 칭찬하자. 이는 앞에서 말한 신뢰감 형성의 연속이다. 아이가 부모의 단호한 행동이 자신을 싫어해서가 아니라 소리를 지르면서 우는 행동 때문이었다는 것을 이해할 수 있도록 해야 한다. 아이에게 소리를 지르면서 우는 행동에 관한 동화책을 보여주면서 그 상황을 되돌아보게 하며 이야기를 나누는 것이 중요하다.

아이는 스트레스나 갑작스러운 환경의 변화 때문에 갑자기 소리를 지르며 울기도 한다. 이때 아이는 "나를 봐주세요.", "내가 원하는 대로 해주세요.", "난 지금 사랑과 관심이 필요해요.", "나 지금 너무 불안해요."라고 이야기하고 있는 것이다. 자신의 감정에 대해 아직 명확하게 알기 어려운 영·유아기에는 이런 현상이 특히 더욱 두드러지게 나타난다. 부모는 아이의 반응에 귀 기울이고 마음을 읽는 연습을 해야 한다.

## 07 공공장소에서 난동을 피워요

사랑의 첫 번째 임무는 상대방의 말을 잘 들어주는 것이다.
– 폴 틸리히

요즘 '맘충이'라는 신조어가 유행이다. '맘충'은 자신의 아이로 인해 주변 사람들이 피해를 받는 것을 벌레에 빗대어 표현한 것이다. 특히 사람들은 공공장소에서 아이가 예의 없이 행동할 때 말리지 않는 부모의 모습을 보고 '맘충이'라고 이야기한다. 하지만 억울한 엄마들도 많다. 내가 한 행동이 아니라 아이가 한 행동인데 이렇게 벌레처럼 불릴 일인가 싶기도 하고 화부터 난다.

이제는 '노 키즈 존(No Kids Zone)'이라 하여 아이들은 입장하지 못하는 상점들이 늘고 있다. 공공장소에서 소리를 지르고 뛰어다니는 아이들은 영업에 방해가 된다는 것이다.

현대사회에서 아이들과 엄마들이 어떻게 인식되는지를 여실히 보여주는 사회적 현상이다. 특히 사람들은 아이들이 뛰어다니는 것과 소리를 지르는 것 중에서 소리를 지르는 것에 더욱 예민하다. 사람들이 많은 버스에서 아이가 소리를 한 번 지르기만 해도 많은 사람들이 불쾌하다는 눈빛으로 쳐다본다. 그래서 아이를 데리고 대중교통을 이용하기 힘들다는 엄마들이 많다.

도대체 왜 아이는 소리를 지르며 뛰어다니는 것일까? 만 1세 이전의 아이들은 감정 표현과 조절이 모두 미숙하다. 그래서 단순히 흥분했을 때부터 자신의 욕구가 좌절되었을 때 소리를 지른다. 이때부터는 부모의 적절한 통제가 필요하다.

아이들은 부모의 통제에 의해 자신의 감정과 행동을 조금씩 조절할 수 있다. 만약 아이가 자신의 의사를 언어로 표현할 수 있는데도 소리를 지른다면 정확한 제재를 통해 아이의 행동을 바꿀 수 있다.

아이가 소리를 지르는 원인에 따라 행동의 기준을 분명히 정해야 한다. 그리고 그 선을 넘을 경우에는 안 된다는 것을 단호하게 알려줘야 한다. 자신의 의사를 서툴게나마 표현할 수 있는 만 3세 전후까지 상황에 상관없이 정도가 심해진다면 심리검사를 받아보는 것이 좋다. 드물기는 하지만 소리를 지르는 것이 경기일 수 있으니 잘 관찰해야 한다.

아이가 소리를 지르는 데는 여러 가지 이유가 있다. 언어를 구사하기 이전에 의사소통의 수단으로 소리를 지르는 경우도 있고 불만을 표현하는 방법일 수도 있다. 또는 음의 감각을 깨달아 노래를 부르는 것처럼 소리를 지를 수도 있다. 옹알이가 가장 많고 길어지는 시기가 생후 6~9개월 사이다. 이때는 소리를 내는 데 자신이 붙어 시끄러울 정도로 소리를 지른다. 아이에 따라서는 성대를 심하게 써서 목이 쉬기도 한다. 하지만 아이의 언어발달에 중요한 시기인 만큼 신경을 써야 한다. 아이가 소리를 지르는 것은 자신의 요구 사항을 말하는 것일 수도 있다. 또 자기 기분의 표시일 수도 있고 어떤 것을 가리키는 것일 수도 있다. 특히 아이가 소리를 질렀을 때 부모가 지나친 반응을 보이면 아이는 부모의 관심을 받았다고 자각하면서 더 크게 소리를 지르기도 한다. 그런데 이때는 단호하게 "소리 지르면 안 돼."라고 말한 뒤 무관심하게 대해야 한다.

만약 부모와의 애착 관계가 불안해 부모의 관심을 끌기 위해 소리를 지르는 아이라면 아이의 마음을 읽어주는 것이 중요하다. 부정적인 감정을 표출하기 위해 소리를 지르면 "친구가 장난감을 안 줘서 속상하구나?"라고 아이의 마음을 읽어준다. 또 기분이 좋을 때 소리를 지르면 "지금 기분이 좋구나."라고 말하며 감정을 표현하는 방법을 알려준다.

아이가 사람이 많은 식당에서 소리를 지른다면 그 자리에서 혼을 내기보다는 사람들이 없는 장소로 데려가 아이와 시선을 맞추고 주의를 준다.

"네가 밥을 안 먹고 소리를 지르면 다른 사람들이 밥을 먹지 못해. 다른 사람들과 함께 있는 공간에서는 조용히 말하는 거야."

또는 마트에서 소리를 지른다면 "마트는 물건을 사는 곳이야. 네가 소리를 지르면 사람들이 귀도 아프고 물건을 사기 힘들어."라고 말한다. 아이가 소리를 지르지 않게 하기 위해서는 아이를 다스리기 위해 또 다른 것을 약속하지 않아야 한다. 만약 약속을 했다면 지킬 것 등을 실천해야 한다.

예를 들어, 미용실에 가야 되는데 아이가 안 가겠다고 길거리에서 소리를 지르면 "장난감 가게에 가자." 하며 아이가 좋아하는 다른 것으로 대신 거짓말하면 안 된다. 장난감 가게에 데려간다면서 미용실에 데려간다면 엄마에 대한 아이의 불신이 커진다. 불신이 점점 더 커지다 보면 어느 순간 절대 그런 거짓말이 통하지 않는 날이 올 것이다. 통하는 날이 온다 해도 아이 손에 원하는 것을 들려줘야 하는 상황이 벌어진다.

부모는 아이가 공공장소에서 난동을 피운다고 해서 그 상황을 절대 피하려고만 하면 안 된다. 또 다른 사람들의 시선을 의식해서도 안 된다. 부모는 절대적으로 그 모든 것을 외면하려는 방어 태세를 갖춰야 한다. 아이의 어떤 행동에도 감정을 가라앉히고 빠른 속도로 주변을 차단시킬 수 있는 자리를 찾아서 아이를 그곳으로 데려간다. 그리고 아이가 소리 지르는 것을 멈출 때까지 기다린다.

만약 아이가 계속 소리를 지른다면 집으로 데려와서 마저 지르도록 해야 한다. 집이 멀 경우에는 여자 화장실로 데려가라. 그나마 아이 엄마의 마음을 이해해주는 사람이 같은 엄마다. 여자 화장실에서는 아이가 소리를 질러도 밖으로 덜 새나가고, 소리가 울려도 밖보다는 보는 눈이 적어서 덜 민망하다. 안정된 공간에 들어왔다면 이제 아이와 눈을 똑바로 마주치고 화가 난 목소리가 아닌 차분한 목소리로 아이에게 상황을 설명한다. 떼를 쓰면 안 되는 이유에 대해 먼저 말하고 엄마가 아이가 원하는 대로 못 해준 이유에 대해서 아이가 알아듣기 쉽게 말해준다. 그리고 아이의 마음이 속상하다는 것을 엄마가 알고 있다고 말해주며 엄마 또한 속상하다는 이야기를 해준다. 아이가 소리를 지르는 행동을 멈출 때까지 눈을 마주치고 계속 이야기한다. 그리고 아이가 소리를 지르는 행동을 멈추면 아이로부터 다음에는 그러지 않겠다는 대답을 받아낸다. 마지막으로 꼭 안아주면서 사랑한다는 말을 많이 해준다.

아이는 아직 미숙하다. 소리를 지르고 싶어서 지르는 것이 아니다. 감정을 조절하는 것이 서툴기 때문이다. 아이에게 공공장소에서 소리를 지르면 안 된다는 것을 꾸준히 말해주고 주변이 시끄러우면 다른 사람들의 기분이 어떤지까지 이야기해준다.

아이가 한 번도 소리를 지르지 않고 엄마와 외출을 마친다면 많이 칭찬하고, 격려해준다. 그러면 아이는 소리를 지르는 것보다 말로 표현하면서 얻는 엄마와의 행복을 더 많이 느끼게 될 것이다.

## 08 잘못했을 때도 고집을 피워요

식물은 재배함으로써 자라고
인간은 교육을 함으로써 사람이 된다.
- 장 자크 루소

"난 김치 싫어!"

오늘도 아이와 전쟁이다. 엄마는 김치를 먹지 않는 아이를 붙잡고 달래기도 하고 협박도 해본다. 그러나 엄마의 패배다. 민주는 다섯 살로 고집쟁이다. 민주와 벌이는 전쟁은 식사시간뿐만이 아니다. 옷도 꼭 원피스로만 입어야 하고 신발도 꼭 자신이 신고 싶은 신발을 신어야 한다. 하루 종일 이어지는 고집에 엄마는 민주만 보면 진절머리가 난다고 한다.

착하고 말 잘 듣던 아이가 어느 날부터인가 무엇이든 자기 마음대로 하려고 한다. 안 되면 떼를 쓰는데 정말 감당할 수 없을 정도로 고집이 세졌다. 아무리 타이르며 설명해도 듣지 않고 무엇이든 엄마가 하는 말에 반대부터 하고 나선다. 배가 고플 때쯤에 밥을 먹자고 하면 "안 먹어!"라고 대꾸한다. 그러다 내버려두면 자기 스스로 또 슬그머니 다가와서 밥을 먹고 싶다고 하는 이 청개구리를 어떻게 해야 할까?

아기는 첫돌이 지나서 걷기 시작하면 자신이 마음대로 움직일 수 있다는 사실을 알게 된다. 그리고 15~18개월쯤 되면 자신의 독립성과 의사표현을 하게 된다. 그전까지는 엄마와 자신을 같은 위치라고 생각하다가 자신의 독립성을 알게 되면 이것을 테스트하려고 한다. 이를 가장 잘 나타내는 말이 "싫어!", "안 해!"이다.

아이는 자신이 엄마의 요구를 듣지 않을 수 있고 도리어 그 반대의 행동을 할 수 있다는 점을 흥미롭게 생각한다. 그동안 아이가 가지고 있던 패러다임이 완전히 뒤집히는 신세계를 접하는 것이다. 아이는 그런 자신을 엄마에게는 물론이고 자신에게도 보여주려고 한다. 엄마가 요구하는 것을 정말로 싫어하지 않으면서 일부러 "싫어!", "안 해!"라며 반대로 말한다. 예를 들어, 엄마가 "밥 먹자."라고 하면 배가 고픈데도 "안 먹어!", "싫어!" 하면서 도망친다.

어떤 엄마들은 이런 현상을 보고 아이가 청개구리가 되었다고 한다. 아이는 엄마의 요구와 의견을 무턱대고 반대하는 것이다. 아이가 매번 엄마와 다른 의견을 표현하고 반대하면 엄마는 당황하고 배신감을 느끼기도 한다. 엄마와 아이 사이에 대립 충돌이 생기고 엄마가 매를 드는 경우도 생긴다. 아이가 이런 과정을 지날 때는 엄마가 우기지 말고 아이의 말을 최대한 들어주는 것이 현명한 방법이다.

예를 들어 "이를 닦자."라고 했을 때 "싫어!"라고 하면 일단 아이의 의견을 수용하는 것처럼 하면서 나중에 슬쩍 "언제 닦자."라고 하는 식으로 대처한다. 이렇게 아이의 말을 들어주고 다음 기회를 약속하는 것이 좋다. 똑같이 싸우면 아이는 더 고집을 부리고 자기주장만 내세우고 떼를 쓰기도 한다. 아이가 떼를 쓸 때도 위험한 것이 아니라면 일단 아이의 요구를 들어주고, 나중에 설명하고 다음부터는 그러지 말자고 설득하는 것이 좋다. 아이들은 엄마가 설명하고 설득하더라도 내용을 알아듣지 못하는 경우가 있다. 그렇다 하더라도 엄마가 차분히 설명하고 이해시키면 아이는 그 내용은 잘 모르지만 엄마의 말을 듣는 방향으로 따라간다.

부모들은 아이가 심하게 고집을 피우고 말을 안 듣는 경우를 일생에 두 번 경험하게 된다. 1차 시기는 자녀가 만 1세~만 2세가 되었을 때다. 이때는 "안 해, 싫어!"라고 부모가 하는 모든 말에 저항하며 고집을 부린다. '끔찍한 두 살'이라고 부를 정도로 이 시기에는 많은 엄마들이 고집부리는 자녀 때문에 고민한다. 이것이 만 3세까지 가기도 하는데 그런 상황을 겪는 엄마들은 제발 이 시기가 빨리 지나가면 좋겠다고 한다.

2차 시기는 사춘기로 '자아 정체감'을 확립하는 시기다. 그러나 이런 시기를 지나서도 계속 고집을 부리고 떼를 쓴다면 이런 행동이 지속되는 이유를 생각해봐야 한다. 예를 들어, 외동아이라 부모가 지나치게 아이의 요구를 들어주었거나, 주위에 또래가 없이 어른들만 있거나 나이 터울이 많은 형제 중 막내여서 귀여움을 독차지하고 있다면 아이는 양보할 줄 모르고 자기중심적으로 고집부리는 아이로 자랄 수 있다. 또는 부모가 바빠서 아이를 제대로 돌보지 않은 경우 아이의 독립심이 지나치게 강해져 독단적인 성격을 가질 수 있다.

이런 아이들의 특징은 자신에 대한 통제력이 부족하며 자신의 감정을 조절하지 못한다. 그래서 원하는 것을 들어주지 않으면 막무가내로 행동한다. 그리고 자신의 잘못을 남의 탓으로 돌리며 뜻대로 되지 않으면 부모에게 짜증을 부린다. 거기에 항상 '나'를 내세우고 자신이 원하는 것은 무조건 손에 넣으려고 한다. 또 충동적인 욕구가 채워지지 않을 때는 참지 못하고 자지러지듯 울거나 소리를 지른다. 자신이 해도 되는 것과 하면 안 되는 것에 대한 구분이 없으며 자신이 할 수 있는 것과 할 수 없는 것에 대해 구별하려 하지 않는다.

고집이 센 엄마와 아이가 만나면 그야말로 신경전으로 이어진다. 그럴 경우 아이와의 씨름이 엄마와 아이의 자존심 대결이 된 것은 아닌지 점검해봐야 한다. 그래서 아이의 고집을 꺾기 위해 하지 않아도 될 싸움을 하는 것은 아닌지 반성할 필요가 있다. 그다음에는 아이가 왜 고집을 부리는지 이유를 생각해야 한다. 아이의 타고난 기질 때문인지, 아니면 엄마의 양육 태도 때문인지를 점검한다.

평소에 아이의 말에 귀를 기울여 진정으로 원하는 것이 무엇인지 세심하게 들어준다. 그리고 아이에게 해도 되는 것과 하면 안 되는 것을 분명하게 말해준다. 어차피 해줄 것이라면 빨리 해주는 것이 낫다. '아이의 고집을 꺾겠다'고 엄마의 마음대로 하면 오히려 아이의 반발심을 부추길 수 있다. 고집 센 아이일수록 아이의 의사를 존중해야 한다. 단, 아이의 의사가 바람직하지 않을 때는 부모가 명령하지 말고 아이가 다시 생각할 수 있도록 유도한다.

고집이 센 아이는 혼자 하는 놀이보다는 규칙이 있는 게임 형식의 놀이를 하게 하는 것이 좋다. 그래야 놀이를 통해 배려와 양보를 배우고 자신의 주장을 굽히는 방법을 배운다. 그런 과정을 통해서 제멋대로 하는 행동을 줄일 수 있다. 또래 아이들과 역할놀이를 하게 하는 것도 좋다. 이런 놀이를 통해 아이는 남의 의견을 존중하고 다른 사람들의 존재를 인정하는 사회성을 배우게 된다.


윤지는 어린이집에 다니지 않고 엄마와 백화점놀이 프로그램만 주말에 경험한다. 그 외에는 집에서 엄마와 지낸다. 윤지는 다른 아이들과 함께 앉아서 놀이를 하는 시간이 되면 잠시도 못 앉아 있고 벌써 다른 장난감으로 관심이 가 있다. 이때 다시 데리고 오려 하면 오지 않겠다고 고집을 피운다. 놀이를 하다가도 계속 뜻대로 안 될 때는 심하게 투정을 부린다. 자기 고집대로만 하려고 하는 아이는 어떻게 해야 할까?

윤지는 다른 사람의 행동에 거의 신경을 쓰지 않는 아이다. 이런 아이는 항상 자신이 하고 싶은 대로만 하고 상대방의 반응에 별로 민감하지 않다. 백화점놀이 프로그램은 일주일에 한 시간만 진행되고 참석한 아이와 엄마들의 수까지 합치면 많은 사람이 함께한다. 그렇기 때문에 아이는 어떤 행동을 모방해야 할지 혼란스럽다. 그래서 윤지와 같은 아이에게는 어린이집과 같은 환경이 필요하다. 수업 시간에 수업을 듣고 식사시간에 먹는 모습을 본다. 그리고 잠자는 시간에 다 함께 자는 모습을 보면서 주변을 의식하고 모방하게 된다. 어린이집에서 매일 3~4시간 이상 같이 생활하는 친구들이 있을 때 모방 학습 효과는 크다.

아이는 아직 자신이 할 수 있는 일과 할 수 없는 일이 무엇인지 잘 모른다. 그리고 자신이 해서는 안 되는 일과 해도 되는 일에 대한 구분이 어렵다. 그것은 어른인 부모가 알려줘야 한다. 아이는 하나의 예술품과 같다. 장인들이 평생에 걸쳐 조심스럽게 예술품을 만들어내듯이 우리도 장인의 마음으로 아이를 키워나가다 보면 아름답게 완성된 아이의 모습에 보람을 느낄 것이다.

Chapter 2

# 아이의 진짜 속마음 들여다보기

## 01 아이는 엄마의 표정에 민감해요

때로는 기쁨이 미소의 근원이기도 하지만,
때로는 미소가 기쁨의 근원이 되기도 한다.
– 틱낫한

    심리학자가 엄마의 표정에 따른 아이의 반응을 실험했다. 엄마가 3분 동안 우울한 표정으로 아이를 바라보자 아이는 그것을 견디지 못하고 어쩔 줄 몰라 했다. 엄마가 3분 뒤 다시 웃는 표정을 지어도 아이는 경계하며 엄마 곁으로 가지 않았다.

    실험 결과 예전의 관계를 회복하려면 20분이 걸리는 것으로 나타났다. 세상에 태어난 지 얼마 되지 않은 아이들은 지금 벌어지고 있는 일이 자신에게 어떠한 영향을 미칠지 모른다. 그렇기 때문에 엄마와 같은 애착 대상의 표정으로 그 일의 위험성을 판단한다. 이러한 아이들의 행동을 발달심리학자들은 '사회적 참조(Social

Referencing)'라고 부른다.

태어난 지 8개월~10개월 정도가 되면 아이들은 '사회적 참조' 현상을 나타낸다. 엄마의 얼굴에서 공포의 감정을 읽으면 아이들은 본능적으로 하던 행동을 멈추고 그 장소를 떠나려고 한다. 하지만 엄마의 얼굴에서 즐거움의 감정을 읽으면 아이들은 안도감을 느끼고 하던 행동을 계속한다. '사회적 참조' 현상은 아이들이 자신의 애착대상인 엄마를 통해 세상을 배워나가는 하나의 과정인 것이다.

우리는 자신의 표정에 대해 얼마나 신경을 쓰고 있을까? 대부분의 부모는 자신의 아이와 있을 때보다 다른 사람을 만났을 때 더욱 자신의 표정을 관리한다. 아이들과 있을 때는 은연중에 '아이들이 뭘 알겠어', '아이들이 내 표정을 신경 쓰겠어', '어차피 애들인 걸, 뭐' 같은 생각을 한다.

TV 프로그램 〈스토리온 우먼쇼〉에서 '무표정 엄마와 웃는 엄마'를 비교하는 실험을 진행했다. 실험에서 엄마와 아이는 '시각 벼랑'(실제 벼랑이 아니지만, 시각적으로는 벼랑처럼 보이는 것)을 사이에 두고 엄마가 무표정한 얼굴로 아이를 쳐다보았다. 그리고 아이는 기어가기 시작했고 곧 '시각 벼랑'이라는 위기가 찾아왔다. 아이는 '시각 벼랑'을 보자마자 더 이상 앞으로 가지 못하고 다시 제자리로 돌아갔다. 대부분의 아이들은 엄마가 무표정일 때 '시각 벼랑'을 건너지 못했다.

배승민 소아정신건강의학과 박사는 이를 '거울 이미지' 효과라고 말했다. '거울 이미지' 효과는 부모의 표정에서 보이는 부정적인 모습을 아이들이 그대로 받아들이는 것이다. 부모의 부정적인 태도나 감정은 결국 아이에게 대물림되고 전달되는 것이다.

다른 '시각 벼랑' 실험에서는 시각 벼랑 반대편에서 엄마가 환하게 웃고 있을 때 아이의 반응을 살펴보았다. 실험이 시작되고 아이는 서서히 엄마에게 다가갔다. 곧 아이를 가로막는 '시각 벼랑'이 나타났다. 그러나 엄마의 환한 웃음을 본 순간 아이는 한 치의 망설임도 없이 엄마에게로 기어갔다. 무서워서 건너지 못했던 시각 벼랑을 엄마의 미소를 본 것만으로 아무렇지 않게 건넌 것이다. 다른 실험 참가자의 아이도 엄마가 웃으면서 밝은 목소리로 이름을 부르자 '시각 벼랑' 따위는 신경도 안 쓴다는 듯이 엄마에게 기어왔다.

엄마가 계속 무표정했다면 아이가 기어올 수 있었을까? 엄마의 표정이 아이에게 얼마나 큰 영향을 미치는지 이 실험을 통해서 알 수 있었다. 아이는 다른 것이 아닌 엄마의 표정을 보고 위기를 넘기는 힘을 얻은 것이다. 이것은 큰 발견이다. 시련 앞에 좌절하며 포기하려던 아이도 엄마의 환한 표정에 모든 역경을 이겨냈다.

또 다른 연구에서는 엄마의 무표정 앞에서 아이가 어떤 반응을 보이는지 실험했다. 엄마가 아이에게 웃으면서 대하다가 무표정하게 대했을 때 아이의 반응을 관찰하는 것이었다. 아이는 엄마가 웃었을 때는 같이 웃으면서 이야기하고 밝게 반응했다. 그러나 엄마가 무표정하게 표정을 바꾸자 처음에는 엄마가 웃고 있었을 때의 행동을 반복함으로써 엄마의 웃음을 이끌어내려고 했다. 그러다가 계속 엄마가 무표정하게 있자 소리를 지르면서 울음을 터뜨려 상황을 피했다.

다양한 연구와 실험을 통해 아이는 엄마의 표정에 큰 영향을 받는다는 것을 알 수 있었다. 앞서 말한 실험 외에 지금도 엄마의 표정과 아이의 반응에 대한 다양한 연구들이 이루어지고 있으며 엄마의 표정은 아이에게 큰 영향을 미친다는 것이 입증되었다.

앞에서 증명된 것처럼 아이는 엄마의 표정에 매우 민감하다. 엄마는 피곤하거나 자신의 기분에 따라서 무표정한 표정을 지었을 뿐인데 아이 입장에서는 공포로 다가왔다. 엄마의 표정에 아이는 자신의 신변에 위험을 느끼고 불안을 느끼는 것이다. 아이에게 미소의 반대말은 화가 난 표정이 아닌 무표정인 것이다. 아이들은 엄마의 감정을 알 수 없는 무표정에서 공포를 느끼고 자신이 어떻게 해야 좋을지 갈피를 잡지 못한다. 무표정이 화난 표정보다 아이들에게는 더 무섭게 느껴지는 것이다.

'아이는 부모의 거울'이다.

이 말은 부모라면 흔히 듣는 말이다. 그러나 다른 요소들도 중요하겠지만 표정만큼 크게 작용하는 것은 없다. 사람은 다른 사람을 만났을 때 다른 것보다도 얼굴을 가장 먼저 보게 된다. 그중에서도 특히 표정은 의식하지 않아도 눈에 바로 들어온다. 사람들은 자신의 표정은 잘 의식하지 않는 편이다. 그런데 아이들은 아무 생각 없이 짓는 상대의 표정을 눈으로 보고 가슴에 각인시킨다. 부모의 얼굴 표정은 더욱 잘 기억한다.

아이들과 이야기를 하다 보면 "오늘 엄마가 속상해 보였어요.", "엄마는 내가 뛰면 얼굴이 도깨비처럼 변해요.", "엄마는 동생을 볼 때 더 많이 웃어요.", "아침에 엄마 말을 안 들어서 엄마가 화냈어요." 등 엄마의 기분이나 표정과 관련된 이야기를 많이 한다. 그리고 친구들과 역할놀이를 할 때도 엄마의 행동과 표정을 아주 실감나게 표현한다.

부모에게는 기억이 나지 않을 만큼 짧은 시간이지만 아이에게는 모든 순간이 사진처럼 각인이 된다. 그래서 보통 부모와 아이의 표정은 많이 닮는다. 얼굴뿐만 아니라 표정도 닮는다. 우울한 표정을 많이 짓는 아이를 보면 부모의 표정도 비슷하다. 잘 웃는 아이를 보면 그 부모 또한 잘 웃는다. 아이는 찰흙 같아서 부모라는 틀에 따라 다양한 표정을 만들어낸다.

사실 아이를 키우면서 웃을 일이 많지는 않다. 웃는 얼굴만 봐도 예쁜 아이지만 성장함에 따라 맞닥뜨리는 일로 피곤하기도 하다. 그래서 아이가 하는 모든 행동이 미울 때도 있고, 작은 일에도 언성을 높이게 될 때가 있다.

엄마가 웃어야 아이도 웃는다. 아이의 행복을 위한다면서 엄마의 행복을 아이에게 내던지지 마라. 엄마가 먼저 행복한 웃음을 피울 수 있어야 아이도 행복한 웃음을 피울 줄 안다. 잠깐이라도 자신의 시간을 가지고 행복을 느낄 줄 아는 엄마가 되어야 한다. 아이를 위해 아무리 완벽한 엄마가 된다 하더라도 엄마가 불행하면 아이도 불행하다. 아이는 불행한 엄마에게서 불행한 세상을 배운다. 그러니 일상에서 작은 행복을 느끼며 아이와 공유하는 엄마가 되는 것이 좋다. 그래야 아이도 행복을 느낀다. 행복이 담긴 표정은 아무리 노력해도 가짜로 만들어낼 수 없다.

엄마의 역할은 쉽지 않다. 표정 또한 마음대로 되는 것이 아니니 답답할 때도 있다. 그러나 아이에게 엄마의 표정은 아주 중요한 문제다. 아이는 아직 스스로 세상을 상대할 수 없다. 그래서 무엇이 위험하고, 괜찮은지 모르기 때문에 부모의 표정으로 판단한다. 어쩌면 아이가 부모의 표정에 민감하게 반응하는 것은 신이 아이에게 내린 선물일지도 모른다. 세상에서 가장 믿을 수 있고 의지할 수 있는 존재가 부모인 것이다. 그런 존재가 위험하다고 느끼거나 어려워하는 것이라면 아이에게도 위험이 되고 힘든 일이 될 가능성이 높다. 앞으로 세상을 헤쳐 나가는 데 있어 가장 든든한 지원군은 부모인 셈이다. 아이는 부모의 표정을 보면서 세상을 신뢰하며 안전하게 살아갈 수 있다.

만약 아이에게 웃어주기 힘든 상황이라면 잠시 아이가 엄마의 표정을 보기 힘든 위치에서 피로를 풀고 얼굴 근육을 완화시키는 것이 좋다. 그리고 아이에게 솔직하게 말하는 것이 좋다. "엄마가 오늘은 일이 많이 힘들어서 웃어주지 못할 때도 있어. 하지만 그건 엄마가 너를 싫어하거나 기분 나빠서 그런 것이 아니라 피곤해서 그런 거란다. 엄마는 너를 많이 사랑해."라고 말한다. 그리고 억지로 웃으려 하지 말고 아이를 안아주면 된다. 아이는 엄마의 말을 다 이해하지 못해도 엄마의 말을 통해 느낌으로 이해한다. 그러면 엄마가 무표정하게 있다고 해서 불안감을 느끼지 않는다.

아이에게 엄마의 미소는 필수다. 아이라는 꽃은 엄마의 미소를 먹고 자란다. 엄마의 따뜻한 미소는 그 어떤 것보다 최고의 영양제다. 아이가 엄마의 따뜻한 미소를 먹고 자랄 수 있도록 해주자. 아이는 그 따뜻함을 영양분으로 삼아 세상을 아름답고 긍정적으로 바라보게 될 것이다.

## 02 아이의 행동보다 속마음을 들여다보라

다른 사람이 우리를 화나게 하는 이유를 살펴보면,
우리 자신을 이해할 수 있다.

− 카를 구스타프 융

 부모는 아이를 키우면서 "왜?"라는 질문을 자신에게 많이 하게 된다. 아이의 행동에서 이해하기 어려운 점들이 많기 때문이다. 그리고 부모는 아이에게서 문제를 찾으려고 한다. 그러나 아이와 부모의 관계는 부모가 자기 자신을 아는 것에서부터 시작한다. 자신에 대해 잘 아는 부모가 아이와도 좋은 관계를 형성할 수 있기 때문이다.

 부모는 아이의 행동을 보면서 아이의 문제점이 아닌 속마음을 읽을 수 있어야 한다. 부모가 자기 자신을 제대로 모르고 있다면 아이의 속마음을 알기란 어려운 일이다. 아이는 자신의 마음을 말로 표현하는 데 서툴다. 그래서 부모의 행동을 보고 똑같이 모방해 부모에게 상처를 주기도 한다.

아이가 문제 행동을 보이는 속마음은 다양하다. '엄마의 관심을 원해요', '더 많은 영향력을 원해요', '엄마가 내게 했던 것처럼 똑같이 하고 싶어요', '나는 이 상황을 해결하지 못하니 도망갈 거예요' 등이다.

부모는 아이가 문제 행동을 일으키면 성가신 일이 일어났다고 생각한다. 그리고 부모는 자신의 영향력을 강화시키고 싶어 하는 아이의 문제 행동에서 위협을 당한다고 느낀다. 또 부모에게 복수하고 싶어 하는 아이의 문제 행동의 경우 부모는 아이의 행동으로 상처를 입었다고 받아들이며 개인적으로 모욕을 느끼거나 실망한다. 회피하고자 하는 아이의 문제 행동의 경우 부모는 아이의 행동에 대해 항복하고 싶으나, 어떤 시도도 효과가 없다고 받아들이면서 무기력감을 느낀다.

부모는 아이의 문제 행동을 해결하고 싶을 것이다. 먼저 아이에게 상황을 간단하게 설명하면서 부모가 느끼는 감정을 말하고 아이가 하고자 하는 말을 찾아야 한다. 그렇게 찾아낸 아이의 속마음을 통해 아이가 왜 그랬는지를 알 수 있다. 이를 최대한 긍정적인 표현을 통해서 아이와 부모가 원하는 상황으로 만든다. 이때 아이를 있는 그대로 존중하면서 아이의 독립성과 자율성을 인정한다. 그리고 그에 따르는 책임을 알려준다.

이러한 상황을 반복하면서 가장 중요한 것은 부모가 아이에게 좋은 모델링이 되어야 한다는 것이다. 물론 부모도 인간인지라 완벽하지 않으며 실수할 때도 있다. 그럴 때는 자신의 실수를 인정하고 아이에게 사과해야 한다. 부모들 중에는 아이에게 사과하는 것을 수치스럽게 느끼는 사람이 있다. 마치 자존심이 꺾인 것처럼 끝까지 사과하지 않으려고 한다. 사실 부모가 아이에게 사과하는 일은 쉬운 일이 아니다. 그러나 자신의 실수를 인정하지 않으려는 부모의 모습은 아이에게 세상의 부조리를 경험하게 하는 것이다.

또 부모는 아이를 더 많이 관찰하고 아이에 대해 믿음을 가져야 한다. 아이에게 맞는 방법을 찾는 데 시행착오가 있지만, 부모는 일관성 있게 진행해야 한다. 아이와의 관계가 더 멀어지기 전에 아이의 입장에서 더 긍정적으로 보는 부모가 되어야 한다. 아이는 부모를 축복하고 성장시키기 위해 찾아온 선물과도 같은 존재다. 부모는 아이와의 관계를 더 좋게 향상시키고, 아이가 독립적으로 성장할 수 있도록 도와야 한다. 또 아이의 장점에 집중해야 한다.

아이에게 "넌 고집이 너무 세."라고 말하기보다 "넌 참 끈기가 있어.", "넌 자신의 신념을 지키는 아이구나."라고 말하는 것이다. "넌 왜 이렇게 까다롭니?"라고 말하기보다 "넌 참 세심한 아이구나.", "넌 참 꼼꼼하구나."라고 말한다. 변화는 자신부터 시작해야 한다. 부모부터 자신의 감정을 통제할 수 있는 자제심을 아이에게 보여주어야 한다. 아이에게 긍정적인 마음을 행동으로 보여라. 부모가 갖추고 있지 못한 것을 아이에게 요구할 수는 없다.

어른이 되면 세상의 중심은 '나'로 통하는 줄 알던 때가 있었다. 그런데 어느새 부모가 되어 보니 아이를 통해 배우는 것들이 많다는 것을 깨닫게 된다. 부모는 완벽한 신이 아니다. 그렇기 때문에 아이는 신이 우리를 더욱 완벽하게 만들기 위해 준 선물인 것이다.

그저 방긋 웃기만 하던 아이가 이제 의젓한 독립적인 존재로 성장하고 있다. 아이는 처음 태어날 때부터 스스로 자신이 갈 길을 찾는 방법을 알고 있다. 어쩌면 부모가 아이에게서 독립하는 것이 더 어려울지도 모른다. 한 걸음씩 물러나야 할 시기가 오면 점점 더 물러서야 하는데 그렇지 못할 때가 많다.

찬혁이는 일곱 살이 되었다. 그런데 평일에는 좀처럼 일어나기 힘들어하는 반면 주말에는 가장 먼저 일어났다. 그 이유는 평일 아침에는 허락되지 않는 TV 시청이 주말에는 허락되기 때문이다.

오늘 아침 늦잠을 잔 엄마는 일어나서 아이들을 어린이집에 보내기 위해 바쁘다. 그런데 찬혁이가 짜증을 많이 냈다. 엄마는 일단 찬혁이의 속마음이 어떤지 이유를 묻지도 않고 참았다. 아이들의 하루를 망치지 말아야겠다는 생각이었기 때문이다. 찬혁이를 어린이집에 보내고 방과 후에 찬혁이를 데리러 가니 기분이 좋아 보였다. 엄마는 아이와 오늘 하루를 어떻게 보냈는지 이야기를 시작했다. 그런데 대뜸 찬혁이가 오늘 아침에 짜증을 부려 엄마에게 미안했다고 이야기했다. 그 이유를 묻자 아침 공부를 열심히 하고 TV를 틀었는데 조금밖에 못 본 상태에서 엄마가 일어나는 바람에 더 이상 TV를 볼 수 없어 화가 났다고 했다. 아침부터 TV를 보는 데 빠지는 것을 예방하기 위해 엄마는 찬혁이에게 아침 공부 후에 TV 시청을 하도록 허락했다. 그런데 공부를 다 하고 나서도 찬혁이는 TV를 보지 못했다. 나중에 보니 찬혁이는 다섯 쪽이나 되는 분량을 아침 공부 시간에 풀었다.

아이는 나름대로 자신이 할 일을 다 마치고 당당하게 자유를 만끽하고 싶었던 것이다. 그런데 그 일이 방해를 받았다고 생각하니 화가 난 것이다. 그래서 찬혁이는 그런 자신의 마음을 짜증으로 표현해 엄마도 똑같은 기분을 느끼길 원했다. 다만, 엄마의 인내심 덕분에 충돌로 이어지지 않았을 뿐이다. 결국 찬혁이는 나중에 자신의 행동을 돌아보고 엄마에게 사과했다. 하지만 대부분의 집에서는 찬혁이처럼 짜증을 내면 부모와 아이 사이에는 아침부터 한바탕 전쟁이 일어난다. 이러한 상황이 되면 아이는 더 이상 자신의 속마음을 부모에게 말하지 않게 된다.

일곱 살 정도 되면 자신의 생각이 명확해진다. 아이가 짜증낼 때는 분명한 이유가 있다. 엄마가 보기에는 사소해 보일지라도 아이에게는 확실한 이유가 있는 것이다. 그럴 때 엄마는 아이가 짜증내는 모습만 보고 혼을 내면 안 된다. 아이는 자신의 마음을 알아주지 않는 엄마의 모습에 더욱 상처를 받고 더 고집을 부리거나 어긋난 행동을 할 것이다. 위의 사례에서 찬혁이의 엄마는 짜증을 내는 아이를 다그치기보다는 아이의 기분 좋은 하루를 위해 참았다. 그리고 오후에 하루 일과에 대한 이야기를 나누다가 자연스럽게 아침에 있었던 일을 이야기했다. 이렇게 아이가 짜증을 내고 있을 때가 아닌, 감정이 가라앉은 뒤에 이야기를 나누면 그 상황을 서로 객관적인 시선으로 볼 수 있다. 그리고 엄마와 아이 모두 자신의 감정에 대해 더 솔직하게 말할 수 있다. 찬혁이의 행동만을 본다면 아이의 마음을 알기 어려웠을 것이다. 그러나 이야기를 통해 찬혁이의 속마음을 알게 되니 엄마는 찬혁이의 마음이 이해가 되었다.

아이는 마음을 말로 표현하는 데 서툴다. 또 자신의 감정을 담아내는 정확한 단어도 잘 모른다. 아이의 행동도 마찬가지다. 자신이 왜 그렇게 행동했는지 잘 모른다. 아이의 행동보다 속마음을 살펴보라. 부모가 먼저 아이의 마음을 알아줄 때 아이는 변화한다.

## 03 엄마는 아이의 불안을 모른다

내면에서 울리는 소리에 좀 더 귀를 기울이면
외부의 소리도 더 잘 들을 수 있다.
- 다그 함마슐드

"유리는 지금 45개월 된 여자아이예요. 어린이집에 등원하는 내내 문 앞에서 자신에게 익숙한 담임선생님이 안 보이거나, 선생님이 이제 엄마랑 인사하자 하면 저와 떨어지기 싫어 난리가 나요. 그리고 억지로 어린이집에 들어가요. 그리고 잘 놀다가도 엄마가 보고 싶다며 울기도 해요. 이런 일이 한 달 동안 두세 번 정도 있어요. 현관에서 우는 것은 한 달 내내 그랬고요. 아이는 15~20개월까지 제가 회사에 복직하느라 아빠가 보았고 그 후에는 제가 휴직하며 돌봤어요. 그런데 내년에 제가 복직하는 것을 알고는 아이는 무섭다며 울어요. 워낙 불안이 많은 아이라 예상은 했지만 한 달 동안 이렇게 등원하니 걱정이 되네요."

　새 학기가 시작되면 많은 엄마들이 이와 같은 고민에 빠진다. 아이는 엄마와 떨어지기 싫어서 울고 엄마는 엄마대로 속이 상해 아이를 재촉한다. 아이는 익숙했던 곳에서 낯선 곳에 적응해야 하는 상황이다. 이것은 당연히 아이가 불안을 느낄 만한 일이다. 하지만 아이는 자신의 불안감을 극복해야 한다.

　이와 같은 상황은 유리가 엄마와의 애착 관계를 제때 형성하지 못해 생긴 상황이다. 이런 아이들은 내면의 불안감이 높으며 조금만 환경이 바뀌어도 예민하게 반응한다. 아이가 성장하면서 어린이집에 가게 되기 전까지는 다른 사람들을 만나는 시간보다 부모와 함께하는 시간이 더 많다. 그러다 보니 낯선 사람을 만나게 되면 아이들은 그 상대에 대해 두려움을 느낀다. 그리고 부모 곁을 떠나려 하지 않는다. 이런 상황은 아이가 성장하면서 지극히 정상적으로 발생하게 되는 상황이다. 하지만 새로운 환경과 새로운 사람들을 만나는 것에 대해 큰 두려움이 사라지지 않고, 성장 후에도 계속 부모 곁을 떠나려 하지 않는다면 문제다.

　아이의 불안감을 없애는 데는 부모의 사랑이 정답이다. 부모는 아이가 '우리는 너를 많이 사랑하고 있고, 몸은 비록 떨어져 있다고 해도 언제나 너의 옆에서 지켜보고 있다'는 생각을 가질 수 있도록 해야 한다. 또 아이가 언제 불안감을 느끼는지, 아이가 불안감을 느낄 때 어떻게 해야 불안감이 사라지는지를 주의 깊게 관찰해야 한다. 부모의 사랑을 많이 느끼면 느낄수록 아이의 불안감은 점점 사라지게 된다.

반대로 부모는 아이의 불안에 공감하고 있을까? 아이의 불안이 문제가 아니라 부모의 대처법이 중요하다. 아이가 불안해할 때 달래줘야 할까, 아니면 이겨내게 해야 할까. 아이를 키우다 보면 당황할 때가 있다. 어린이집 앞에서 엄마와 절대 떨어지지 않겠다며 울 때, 풀장 앞에서 물에 들어가지 않겠다고 버틸 때, 침대 밑 괴물이 무섭다고 밤마다 베개를 들고 방문을 두드릴 때 등 아이는 자라면서 시작이 두려운 시기를 맞게 된다. 그때마다 부모는 어떻게 대처해야 할까. 대부분 "저게 뭐가 무서워. 별거 아니야."라고 야단치거나, "알았어. 못 하겠으면 하지 마!" 하고 넘어갈 것이다.

이때 아이의 불안이 문제가 아니다. 아이의 불안을 모르는 엄마가 문제다. 아이들 눈에 세상은 무서운 것 투성이다. 우리가 어렸을 때 처음 하는 모든 일이 두려웠던 것처럼 아이에게는 세상의 모든 것이 처음이고 두려움의 대상이다. 놀이기구를 탄 아이가 "살다가 이렇게 무서운 건 처음 타봐요."라고 말하기도 하고, 물에 들어가기 무서워하던 아이가 따뜻한 물이 담긴 풀장에 들어가서 "들어가기 무서웠는데, 이렇게 따뜻한 건 처음이에요."라고 말하기도 한다. 처음에는 두려움에 울음을 터뜨리던 아이가 수줍어하면서 어느새 이렇게 이야기하는 것이다. 아이들의 이야기를 듣다 보면 '나에게는 별 것 아닌 것들이 아이에게는 두려움의 대상이구나'라고 생각하게 된다. 단순하게 풀장에 들어가는 것이 왜 무서울까 싶다가도 '그래, 넌 처음이니까 무서울 수 있지'라는 마음도 생기게 된다.

　이를 극복하기 위해서는 부모와 아이가 함께 불안감에서 벗어나야 한다. 무엇보다도 부모가 먼저 아이의 불안을 이해하고 공감하며, 안정을 되찾는 것이 중요하다. 부모가 아무리 안심시키려는 말이나 행동을 해도 아이가 받아들일 준비가 되어 있지 않다면 아무 소용이 없다. 부모가 아이의 두려움을 있는 그대로 인정하며 아이가 불안감을 이길 수 있도록 돕는 것이 최고의 방법이다.

　아이에게는 '마음의 경고등'이 있다. '마음의 경고등'은 안전함에 대한 마음의 반응이다. 정말 위험할 때는 '마음의 경고등'이 켜져야 한다. 그러나 불안감이 심한 아이들은 이 경고 기능이 지나치게 예민하다. 위험 해제 신호 또한 제대로 작동되지 않는다. 급기야 위험과 관련된 모든 것들을 피하기에 이른다. 회피하는 것은 더 큰 불안을 낳게 마련이다. 이럴 땐 아이의 '마음 경고등'을 초기화시켜줘야 한다. '마음의 경고등'을 초기화시킬 수 있는 방법은 아이가 부모의 사랑을 마음에 가득 채우는 것이다. 그러기 위해서는 부모와 아이 사이의 유대감이 중요하다. 유대감은 아이가 자랄수록 단절되기 쉬운데 그런 유대감을 새롭게 할 수 있는 방법이 놀이다. 놀이는 육체적·정서적으로 힘이 생기는 느낌을 아이에게 전달할 수 있다. 또 감정의 건강한 발산과 억제를 돕는다. 웃음은 아이의 긴장을 완화하고, 친밀감은 아이의 속상한 마음을 달래준다. 또 놀이는 아이에게 새로운 생각을 할 수 있는 여유를 준다. 이제부터 걱정을 줄이고, 아이를 믿어보자.

희찬이는 만 1세다. 희찬이 엄마는 바쁜 직장생활 탓에 아이와 함께 있는 시간이 부족한 것이 불안하다. 아이와 함께 있는 시간이 부족한 것으로 인해 아이와의 애착 관계에 문제가 생기는 건 아닐까 항상 신경이 쓰인다. 만 3세까지 형성되는 부모와 아이의 애착 관계는 정서적 안정감은 물론이고 자존감, 사회성 등의 발달 과정에 영향을 미친다. 나아가 생후 3년 동안의 신체적·정서적·인지적 발달은 청소년기를 거쳐 성인이 될 때까지의 자아 형성과 가치관 형성에도 영향을 주는 것으로 알려졌다.

아이와의 애착에 대한 중요성이 강조되면서 아이와 함께 보내는 시간이 상대적으로 부족한 직장 여성들의 고민은 더욱 커지고 있다. 중요한 시기를 충분히 함께 보내지 못한다는 생각에 죄책감마저 느낀다. 하지만 애착 관계에서 중요한 것은 시간의 절대적인 양보다 제대로 된 애정과 스킨십을 나누는 것이다.

맞벌이를 하는 엄마는 아이에게 엄마의 출퇴근 시간을 이해시킨다. 그리고 규칙적으로 통화를 하는 것이 좋다. 헤어질 때 아이가 우는 것이 신경 쓰여서 아이 몰래 출근한다면 엄마에 대한 아이의 신뢰감 형성이 힘들어진다. 처음에는 어렵겠지만 아이와 확실하게 인사를 하며 출근하는 것이 아이에게는 더욱 긍정적인 영향을 끼친다.

만 3세까지의 충분한 애착 관계 형성은 이후 아이의 정서에 큰 영향을 미친다. 만 3세 이후 아이는 부모의 행동을 이해하고 행동한다. 아이는 부모의 계획과 목표를 이해하고, 부모의 부재를 허용하며 바쁜 엄마를 도와주려는 생각을 갖게 된다. 이는 건강한 애착 관계를 기반으로 나타나는 행동이다.

아이의 불안과 애착은 서로 동전의 앞뒷면과 같은 존재다. 가장 가까이 있으면서도 서로 만날 수 없는 평행한 존재인 것이다. 모든 엄마들의 걱정이자 아이의 성장에 큰 영향을 미치는 애착 관계는 모든 부모들의 숙제다. 부모의 사랑이 숙제의 답이므로 아이만 바라보고 마음속에 숨겨 왔던 사랑을 마음껏 표현해야 한다. 그리고 아이를 믿고 기다린다. 그러면 어느덧 불안을 딛고 성장한 아이를 볼 수 있을 것이다.

## 04 일관성 없는 육아, 흔들리는 아이

지금 어디로 가고 있는지 모른다면 조심하라.
엉뚱한 곳으로 갈지도 모른다.
- 요기 베라

신이 우리에게 준 가장 큰 선물은 '출산'이다. 그러나 출산 후 우리에게 꼭 찾아오는 것이 있다. 바로 육아다. 하지만 많은 부모들이 일관성 없는 육아를 하고 있다. 한두 명 정도만 낳아서 공주님, 왕자님처럼 키우며 아이가 원하는 것을 모두 들어주려고 한다. 그리고 남들이 가지고 있는 모든 것을 다 사 주는 것으로 잘 키우고 있다고 생각한다.

요즘은 각종 매체에서 육아 정보를 홍수처럼 쏟아내고 있다. 그리고 부모는 자신의 아이를 좋다는 것에 맞추어 키우려고 애쓴다. 그러나 아이마다 특성과 기질, 환경이 모두 다르다. 그러니 아이에게 맞는 육아도 다르다. 그런데 오히려 조금만 아이가 어제와 달라도 걱정한다. "혹시 내가 육아 서적에 나온 것과 다르게 한 건가?", "우리 애가 이상해. 방송에서 말한 것과 다르게 행동하네. 왜 그러지?", "그 이론이 아니었나 봐. 다른 이론대로 키워봐야겠어.", "인터넷에서 이렇게 하면 된다고 했는데 우리 애는 왜 저러지?"라며 지나친 정보를 얻으려고 한다. 그중에서 가장 좋을 것 같은 방법을 몇 번 시도한 뒤 효과가 없다며 또 다른 정보를 찾는다. 이렇게 일관성이 없는 육아는 아이들을 깊은 불안의 늪으로 빠져들게 한다.

만약 확신이 드는 육아 방법을 찾았다면 적어도 21일 이상은 실천해야 한다. 사람은 무엇이든지 21일 정도는 해야 습관으로 자리 잡는다. 육아는 습관이다. 습관처럼 일관성 있는 육아를 해야 아이도 중심을 잡고 자란다. 10년 전의 육아가 지금 정답이 아니듯이 지금의 육아가 10년 후에는 정답이 아닐 수 있다. 유행하는 육아 방법을 따라가기보다는 기본에 충실한 것이 중요하다.

기본은 무엇일까? 태어나고 36개월까지는 애착 형성이 가장 중요하며 24개월부터 만 5세까지는 자아존중감이 발달한다. 그리고 이 모든 것의 초석은 일관적인 육아다. 일관성 없는 육아는 애착 형성과 자아존중감 형성에 부정적인 영향을 미친다. 애착과 자아존중감은 아이의 일생에 걸쳐 매우 큰 영향을 미치며 아이가 배우자를 결정하거나 친구를 만날 때, 성격을 형성하는 데 결정적인 영향을 미친다. 아이가 정신적, 정서적으로 건강하게 자라길 바란다면 일관성 있는 육아에 중심을 두고 아이를 키워야 한다.

예전에 친구와 카페에서 만나 이야기를 나누고 있었다. 친구가 자신의 아이를 데리고 나와서인지 교구사의 영업 직원이 다가왔다. 아직 돌도 지나지 않은 어린아이를 가리키며 "지금 이 시기가 가장 중요해요. 교육은 집에서 엄마들이 하는 것이 아니라 전문가들이 하는 것이에요. 다른 아이들은 벌써 이것저것 배우는데 아이를 이렇게 놀리시기만 할 건가요? 그러다가 나중에 후회해요."라고 말하는 것이었다.

당시 친구는 아이는 실컷 노는 게 공부라고 큰소리치던 때였다. 그 친구는 아이가 초등학교에 들어갈 때까지 놀게 할 거라며 아이와 어떤 놀이를 할지 고민하는 것으로 하루 일과를 시작한다. 물론 이런 경우는 흔하지 않다. 이 친구가 무조건 옳은 것은 아니다. 다만 이 친구는 영업 직원의 말에 흔들리지 않았다. 이미 스스로 가지고 있는 확실한 육아 신념이 있었기 때문이었다. 만약 친구에게 그러한 신념이 없었다면 조기교육에 대한 주위의 이야기에 휘둘리며 각종 교재교구에 치이고 있었을 것이다.

0세부터 사교육을 시키는 것이 과연 옳은 일일까? 남들이 다 하고 있고, 내 아이만 뒤처질까 봐 불안해서 시키는 것이라면 위험하다. 지금은 육아 정보 홍수 시대다. 하루가 다르게 새로운 육아법을 다룬 육아 서적들이 쏟아져 나온다. 그리고 인터넷과 TV를 통해 다른 사람들은 아이를 어떻게 키우는지 알 수 있다.

TV 육아 프로그램 〈슈퍼맨이 돌아왔다〉에 나왔던 삼둥이가 입는 옷, 가방, 신발, 물건들은 금방 매진 행렬을 달리고 너도나도 유명 연예인을 따라 하려고 한다. 아무리 값이 비싸도 남들만큼은 해주겠다는 생각에 몇 배의 웃돈을 주고서라도 필요한 것은 구입한다. 크리스마스에는 유명한 만화 캐릭터의 장난감이 매진되어 온라인에서 암암리에 10배나 넘는 가격에 거래되는 상황도 벌어진다.

인터넷, 육아 잡지, 육아 서적, TV 육아 프로그램 등을 통해 내 아이의 시기에 맞는 놀잇감이 무엇인지 원하는 정보는 얼마든지 알 수 있다. 그러나 수많은 정보를 보면 볼수록 엄마들은 점점 더 불안하고 조급해진다. SNS에서 친구와 친구의 아이를 보며 '나는 내 아이에게 이런 것도 안 사 주고, 저런 것도 안 해주고 있었어!'라며 다른 엄마들과 자신을 비교한다. '저 애는 저런 것도 해주네? 우리 애는 언제 해주지?', '이거 해주려면 돈이 이만큼 필요하네', '우리 애도 저 아이만큼은 해줘야 하는데'라고 생각한다. 그러면서 혹시 자신이 모르는 정보가 더 있지는 않은지 살피느라 아이는 어느새 뒷전이 되고 만다. 끝없는 육아 정보 속에서 밤늦게까지 인터넷 검색을 하고 난 다음 날이면 괜히 아이에게 짜증을 내고 놀고 싶어 하는 아이를 억지로 재우려고 한다.

나는 많은 아이들을 보며 아이마다 성장 속도가 다르고, 좋아하는 물건들이 다르며, 책대로 크지 않는다는 것을 깨달았다. 책에 나오는 성공한 육아법은 그 엄마의 아이였기 때문에 성공한 것이다. 남들이 어떻게 아이를 키우고 있는가는 참고 사항일 뿐 꼭 그렇게 해야 되는 것은 아니다.

엄마의 기준에서 필요한 것과 불필요한 것의 기준을 두고 육아용품을 사고, 나와 내 아이에게만 맞는 맞춤형 육아법을 갖고 있어야 한다. 엄마가 중심을 잡고 불안하지 않을 때 비로소 아이는 엄마를 믿고 잘 자라게 된다. 남들이 다 하는 길을 따라 하면 남들과 똑같은 아이로 자라게 되고 나만의 방법으로 아이를 키운다면 내 아이는 특별한 아이가 된다.

많은 부모들이 "같은 반 누구는 벌써 한글도 읽는다고 하는데 우리 애는 아직도 한글을 몰라요.", "형님 아이는 벌써 책도 읽고 글자도 쓴다는데 우리 애는 아직도 기역, 니은 읽고 있어요.", "다른 또래들은 벌써 더하기 빼기도 한다는데 우리 애는 아직도 멀었어요." 등 내 아이를 다른 아이와 비교하지 말자. 그리고 잘나가는 아이를 따라가기 위해 내 아이를 재촉하지도 말아야 한다.

주위의 여러 말과 상황에 휘둘리지 말아야 한다는 말이다. 중요한 것은 내 아이의 성장 속도에 맞추어 일관된 육아를 해나가는 것이다. 이웃집 아이에게 맞는 방법이 내 아이에게도 맞는 방법은 아니다. 누군가에게 약이 되는 것이 누군가에게는 독이 되기도 한다.

그 집 아이에게 약이 되는 육아법이 내 아이에게는 독이 될 수도 있다는 말이다.

부모는 아이를 자신의 신념대로 키워야 한다. 창의적인 아이, 예의 바른 아이, 독립적인 아이, 긍정적인 아이, 자유로운 아이, 음악을 감상할 줄 아는 아이, 기발한 아이디어가 넘치는 아이, 규칙을 잘 지키는 아이, 다른 사람을 배려하는 아이 등 어디에 중점을 두는지에 따라 아이를 키우는 방법은 달라진다. 똑똑한 아이로 키우는 방법과 다른 사람을 배려하는 아이로 키우는 방법이 똑같을 수는 없다.

나는 그동안 교육 현장에서 오랫동안 아이들을 지켜보았다. 부모가 아이의 개성과 재능을 파악하는 것은 쉬운 일이 아니다. 정말 내 아이를 '행복한 아이'로 키우고 싶다면 나의 핸드폰 번호 010. 9218. 3873으로 "저도 행복한 아이로 키우고 싶어요!"라는 메시지를 보내보라. 내가 알고 있는 모든 육아 비법을 알려주겠다.

아이는 보석이다. 부모가 어떻게 가공하는가에 따라 다양하게 변화할 수 있다. 아이를 어떻게 가공할지는 부모에게 달렸다. 다만 목걸이로 할지, 귀고리로 할지 정하지 못하고 여기저기 휘둘린다면 아이는 자신만의 가치를 발휘하지 못한다.

내 아이라는 아름다운 보석을 세상에 어떻게 내보낼지 신중하게 고민하고 결정하라. 그리고 자신의 선택을 믿고 일관성 있는 육아를 한다면 아이는 그 아름다움으로 세상을 비추는 존재가 될 것이다.

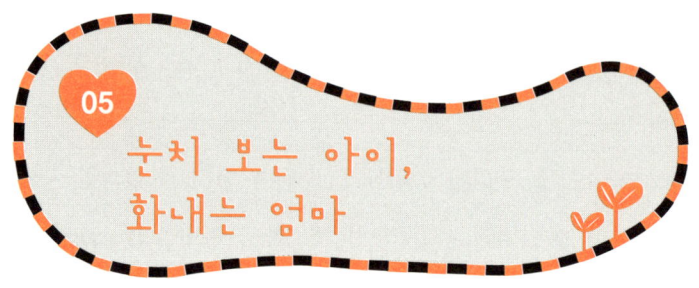

## 05 눈치 보는 아이, 화내는 엄마

> 계속 화를 내는 것은 누군가에게 던지려고
> 뜨거운 석탄을 손에 쥐는 것과 같다.
> 결국 그것에 데는 사람은 바로 자신이다.
>
> – 랠프 월도 에머슨

    외국인들이 우리나라에 오면 가장 먼저 배우는 말이 "빨리빨리"라고 한다. 다른 단어는 잘 몰라도 이 단어는 확실하게 배우고 간다. 왜일까? 그것은 우리나라에 무엇이든지 빨리하려는 문화가 자리 잡고 있기 때문이다. 우리나라는 급격한 경제 성장을 겪으면서 무엇이든지 결과를 빨리 이루어내야만 했다. 그래서 무엇이든지 빨리해야 한다는 강박관념이 생긴 것 같다. 그것은 육아에서도 나타난다.

    다음은 많은 엄마들이 상담에서 자주 하는 말이다.

"우리 애는 아직도 숫자를 잘 몰라요."

"다른 아이들은 책도 읽는다는데 우리 애는 아직 한글도 잘 몰라서 어쩌죠? 학습지라도 시켜볼까요?"

"우리 애가 가장 작은 것 같아요. 다들 우리 애보다 크지요?"

"이제 겨우 1에서 10까지 알아요. 친구 아이는 벌써 20까지 술술 세던데 아이가 너무 느려서 걱정이에요."

"성장호르몬이 들어간 영양제라도 먹여볼까요? 우리 아이가 너무 작아서 걱정이에요."

"다들 자기 이름도 알고 친구 이름도 읽지요? 우리 애만 친구 이름을 못 읽어서 어떡하죠? 일하느라 아이에게 신경 써주지 못한 것 같아 미안해요."

엄마들의 공통점은 자신의 아이의 연령에 맞는 발달 단계는 신경 쓰지 않는다는 것이다. 다만 다른 아이와 비교하며 내 아이가 더 빨리 학습적으로 뛰어나길 바란다. 이 모든 것들은 다른 아이보다 더 빨리 성장해야 한다는 조급증에서 오는 걱정들이다. 이런 이야기를 듣다 보면 예전에 유행했던 엄친아, 엄친딸이 생각난다.

아이들이 가장 싫어하는 단어 1위였던 엄마 친구 아들, 엄마 친구 딸은 모두 공부도 잘하고, 멋지고 예쁘다. 부모는 내 아이만 빼고 주위의 모든 아이들이 똑똑하고 키도 큰 것 같다. 그런데 실제로 그런 걱정을 하는 엄마들의 아이는 대부분 자신의 연령에 맞게 성장하고 있는 경우가 많다.

　부모의 걱정과 조급증은 아이에게 영향을 준다. 아이가 자신들의 기대에 미치지 못하면 부모는 아이에 대한 실망감을 행동으로 표현한다. 아이의 질문에도 "넌 그것도 모르니?"라고 화를 내게 된다. 또 실수로 물을 엎질러도 "넌 물 따르는 것도 혼자 못해?"라고 윽박지르게 된다. 옆집 애는 혼자서 옷도 척척 입는다는데 아직도 "엄마, 바지 입혀줘."라면서 아이가 칭얼거리면 짜증이 난다.

　부모는 이미 아이에게 화를 내면 안 되고 차분하게 이야기해야 한다는 것을 알고 있다. 하지만 아이가 말썽을 피우는 순간 모든 이성이 날아가버린다. 아이에게 소리를 지르고 나서야 후회한다.

　좋은 부모가 되기 위해서 아이에 대한 미안함으로 하루를 마무리하기도 한다. 그러나 부모가 우울해하고 의욕을 잃는다면 아이와 부모는 행복할 수 없다.

　만약 아이가 자꾸 말썽을 피우면 엄마 역시 그 상황에 익숙한 패턴으로 반응하게 된다. 이러한 악순환의 고리는 누가 멈추어야 할까? 바로 엄마가 멈추어야 한다. 아이는 아직 자신의 감정을 조절하기 어렵기 때문에 엄마가 멈추어야 하는 것이다. 엄마가 마음의 방향을 바꾸면 모든 것이 달라진다.

　자신의 마음도 모르는 부모가 과연 아이의 마음을 알 수 있을까? 아이를 사랑한다면서 화내고 짜증내고 큰소리치고 있지는 않은지 자신을 돌아봐야 한다. '화내지 말아야지' 하면서도 또 화를 내고 후회하고 있는 건 아닌가? 혹시 자신의 기준으로 아이를 보고 있는 것은 아닌지 점검할 필요가 있다. 자신도 모르게 아이에게 자꾸 화가 나고 왜 화를 내게 되는지조차 모르겠다면 아이를 어떻게 대해야 할지 고민해야 한다.

화를 잘 내는 사람은 과거 지향적인 사람일 수 있다. 즉 어린 시절 나도 모르게 입력된 가치관, 도덕성으로 인해 생긴 편견 때문이거나, 자신에 대해서 잘 모르기 때문이다. 특히 깊은 곳에서부터 묵은 화를 가지고 있는 사람의 화는 대부분 자신의 어린 시절과 많이 연관되어 있다. 묵은 화 때문에 자신의 감정을 조절하지 못하고 분노가 폭발하는 것이다. 그로 인해 힘이 없는 아이를 때리고 학대하는 등의 행동까지 할 수 있다.

아이들 중에는 유별난 아이도 있다. 떠들고, 부수는 바람에 난리가 난 집 안처럼 정신이 없다. 거기다 부모의 고함까지 오가면 상황은 더 악화된다. "하지 마라.", "안 된다.", "시끄럽다.", "조용히 해라." 등의 고함들을 지르느라 혼이 나갈 지경이다. 하지만 그런 명령은 아이에게 효과가 크지 않다. 아이는 잠시 후 또다시 아수라장을 만든다. 부모는 안 통하는 줄 알면서도 매일 똑같은 공방을 되풀이한다.

타이르기도 하고 야단도 치지만 효과는 없다. 부모로서 한계를 느낀다. 하지만 그대로 둘 수도 없으니 난감한 지경에 빠진다. 왜 이렇게 되었을까? 그 이유는 꾸중을 남발했기 때문이다. 그래서 아이가 면역이 되어 버린 것이다. 거의 습관적으로 야단치는 부모가 있다. 아이들 걸음걸이 하나에도 이래라저래라 한마디 해야 직성이 풀리는 사람이 있다.

아이들은 혼을 낸다고 나아지지 않는다. 혼내는 것은 일시적인 행동의 변화만 일으킬 뿐이다. 아이에게서 진정한 변화가 일어나길 원한다면 꾸준한 관심과 진심 어린 이야기에 믿음을 담아 기다려야 한다.


두발자전거를 처음 배우던 날을 생각해보자. 매일 보조바퀴가 달린 자전거를 타다가 처음으로 보조바퀴를 떼고 타는 날 떨렸을 것이다. 뒤에서 잡고 있을 아빠에게 "아빠, 놓지 마세요. 놓으면 저 넘어져요."라며 엄살을 피운다. 그러다 스스로 타게 되었을 때의 기쁨이란 이루 말할 수 없다. 그때 자전거를 타는 나를 보며 아빠도 손을 놓기까지 많이 망설였을 것이다. 손을 놓으면 아이가 넘어질까 봐 걱정은 되어도 믿음을 갖고 지켜봐준 것이다.

아이를 키운다는 것은 처음 두발자전거를 배우고 탈 때와 마찬가지다. 배우는 기간 동안 아슬아슬하고 조마조마하다. 언제든지 넘어지고, 어딘가에 부딪칠 것 같은 것이다.

하지만 이때 부모는 한 걸음 뒤로 물러서 조용히 지켜볼 수 있어야 한다. 아이가 안전하게만 탈 수 있도록 여건과 환경은 만들어주고 지켜봐야 한다. 때로는 넘어지기도 할 것이다. 그러나 그렇게 넘어지면서 아이들은 배우고 성장한다. 아이가 갑자기 고속도로로 가지 않는 이상 뒤에서 지켜봐야 한다.

아이들에게는 규제에서 벗어나고 싶은 본능이 있다. 얌전하거나 활달한 아이 모두 작은 일탈을 꿈꾼다. 그것을 실행에 옮기느냐 옮기지 않느냐의 차이만 있을 뿐이다. 때로는 너무 크게 일탈해서 부모를 당황스럽게 하기도 한다. 저러다가 어긋난 길을 가는 건 아닌지 불안해지기도 한다. 이때 부모는 판단을 잘해야 한다.

과연 아이를 혼낼 만한 일인지, 아닌지 신중하게 판단하고 선택해야 한다. 너무 잦은 훈육은 그 가치를 잃는다. 차라리 아이를 믿고 기다리는 것이 좋다.

내 아이는 충분히 혼자 판단하고 스스로 할 수 있다고 믿어라. 부모가 볼 때 아이는 이해할 수 없고, 문제도 많아 보인다. 하지만 하나하나 참견하고 야단친다면 아이는 스스로 문제를 해결하는 능력을 잃고 부모와 자신에 대한 신뢰도 잃어버릴 것이다. 자신에 대한 신뢰를 잃어버린 아이는 주위의 시선에 민감해지고 눈치를 보는 아이가 된다.

부모에게 아이는 아무리 커도 어린아이처럼 보인다고 한다. 때로는 어리석은 선택을 하더라도 그 선택을 통해서 분명히 깨닫는 것이 있다. 아이가 살아가면서 겪게 되는 과정들인 것이다.

물가에 내놓은 아이처럼 무엇을 하든지 불안하고 아슬아슬해 보이겠지만 아이를 믿고 묵묵히 기다려줘야 한다. 그럴 때 아이는 더 안정감을 느끼며 자신의 길로 나아갈 것이다.

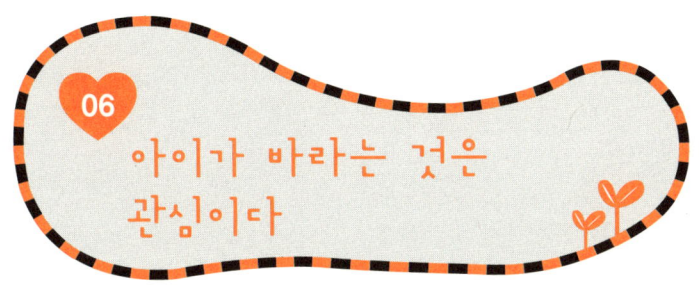

## 06 아이가 바라는 것은 관심이다

아이는 부모에게 사랑받고 존중받고 있다는
느낌을 가질 때 마음을 연다.
– 스펜서 존슨

내가 그의 이름을 불러주기 전에는

그는 다만

하나의 몸짓에 지나지 않았다.

내가 그의 이름을 불러주었을 때

그는 나에게로 와서

꽃이 되었다.

내가 그의 이름을 불러준 것처럼

나의 이 빛깔과 향기에 알맞은

누가 나의 이름을 불러다오.

그에게로 가서 나도

그의 꽃이 되고 싶다.


우리들은 모두

무엇이 되고 싶다.

너는 나에게 나는 너에게

잊혀지지 않는 하나의 눈짓이 되고 싶다.

〈꽃〉 - 김춘수

　사람은 사랑받고 싶어 한다. 그리고 자신도 누군가에게 의미 있는 존재가 되고 싶어 한다. 아이들도 마찬가지다.
　여섯 살 외동아들을 키우고 있는 선희 씨는 맞벌이 엄마다. 그런데 집에서는 얌전하던 아이가 밖에만 나가면 주목을 받고 싶어서인지 사람들의 시선을 끄는 행동을 한다. 그래서 당황한 일이 한두 번이 아니다.
　아침에 엘리베이터에서 사람들을 의식하지 않고 혼자서 파워레인저처럼 싸우는 행동을 하고, 유독 큰 목소리로 엄마에게 말을 한다. 또 다른 아이한테 "넌 왜 그래?"라고 지적하기도 한다. 선희 씨는 그때마다 아이에게 "조용히 해!", "하지 마!"를 연달아 말하는데 그 순간 아이는 엄마 말을 듣지 않는다.

얼마 전에는 어린이집 버스를 반 친구들과 기다리는 중에 혼자 소리를 지르고 뛰어다녔다고 한다. 또 버스를 기다리는 아이들이 까르르 웃고 쳐다보자 친구들의 반응이 좋아서인지 아이의 행동은 더 심해졌다. 그런데 아이의 행동을 따라 하려고 하면 같은 반 엄마는 바로 제재를 한다. 그러면 아이는 엄마 말을 듣는다. 선희 씨는 말을 잘 안 듣는 자신의 아이가 문제가 있는 건 아닌지 걱정이 되었다. 선희 씨의 아들은 친구들이 자신을 주목하지 않을 때는 화가 나서 통학 버스도 안 타겠다고 떼를 쓴다.

아이는 왜 이런 행동을 보이는 것일까? 선희 씨는 맞벌이를 하면서 아이에게 많은 관심을 주기 어려운 상황이었다. 선희 씨의 직업상 야근이 많아서 집에 오면 아이를 재우기 바쁘고 같이 놀 수 있는 시간은 주말 정도였다.

더욱이 선희 씨는 활동적인 성격이 아니어서 함께 놀이를 하는 것보다는 주로 책을 읽어주며 놀았다. 그러나 아이는 책을 읽을 때도 자꾸 엉뚱한 행동을 했다. 그래서 그림책을 읽다가도 중간에 끊고 아이를 잡으러 다니기 바빴다.

선희 씨의 이야기를 들으면 어떤 생각이 드는가? 선희 씨는 아이와 함께 보내는 시간도 적었고, 직장생활로 인해 많이 지쳐 있는 상태였다. 그래서 아이는 선희 씨의 관심을 받고 싶어서 더 심하게 행동한 것이다. 결국 선희 씨는 아이를 위해서 월급은 적어도 야근이 별로 없는 다른 회사로 이직했다. 그리고 아이와 함께하는 시간을 늘리자 아이의 행동에 변화가 일어났다.

아무것도 모르는 것 같아도 아이들은 본능적으로 안다. 부모가 나에게 관심이 있는지 없는지, 자신이 어떤 존재인지 알고 있다. 부모는 아이를 아무것도 모르는 존재로 대할 때가 있다. 하지만 아이가 더 많이 알고 있을 때도 있다. 그래서 아이는 더 엄마의 관심을 받기 위해 노력했던 것이다. 그것이 설령 엄마에게 혼나서 받는 관심이라도 말이다.

아이는 부모의 사랑을 먹으며 자란다. 사랑의 시작은 관심이다. 관심을 받지 못하면 아이는 부모에게서 사랑을 받지 못한다고 느낀다. 부모가 아무리 아이를 사랑한다고 해도 표현하지 않으면 아이는 모른다. 부모가 아이에게 얼마나 관심이 있는지, 얼마나 사랑하는지 말과 행동으로 표현해야 한다. 아이의 말과 행동은 사랑을 갈구하며 최대한 발버둥 치는 것이다.

부모의 관심을 얻고 싶은 마음에 자해하는 아이가 있다. 자신이 자해하면 엄마가 자신에게 관심을 보인다는 것을 알고 자신을 자해하는 것이다. 경제적인 어려움으로 인해 부모로부터 어떠한 관심도 받지 못한 아이가 있다. 처음에는 관심을 받고자 노력했지만 그것이 잘 안 되자 자해를 했다. 그 방법은 성공적이었다. 자해를 시작하자 부모는 자신에게 신경을 썼고, 엄마도 파트타임으로 시간을 바꾸며 더욱 아이에게 신경을 썼다.

그 이후 아이는 부모의 관심을 계속 끌기 위해서 정기적으로 자해를 했다. 처음에는 심하지 않았지만 약한 강도로 지속할 경우 부모의 관심이 떨어진다는 것을 알고 갈수록 강도를 높였다. 손톱으로 자신을 꼬집던 아이가 어느덧 머리에 피가 날 정도로 벽에 머리를 박기 시작했다.

결국 이 아이는 어떻게 되었을까? 아이의 상태가 갈수록 심해지자 엄마는 지역 아동복지센터의 도움을 받아 상담을 받고 치료를 시작했다. 처음에는 치료가 별로 효과가 없는 것 같았다. 그러나 시간이 지날수록 아이가 자해하지 않는 기간이 길어졌다. 그리고 아이뿐만 아니라 부모도 변하기 시작했다. 그동안 엄마는 아이와 어떻게 놀아야 할지 몰라서 아이와 함께 TV를 보았다고 한다. 그러나 이제는 아이와 함께 몸을 이용한 간단한 놀이부터 시작해서 도서관을 함께 다니며 책을 읽어주기도 한다. 이런 일상의 변화가 결국 아이를 변화시킨 것이다.

이제 아이는 자해를 하지 않는다. 아이의 엄마는 경제적인 상황 때문에 다시 정식으로 일을 시작했다. 퇴근 후에는 아이와 함께 그날 있었던 일들을 충분히 대화한 뒤 잠든다고 한다. 물론 너무 힘들어서 이야기 도중에 잠들 때도 있지만 그래도 아이의 이야기에 공감하며 눈을 마주치려고 노력하고 있다. 아이는 엄마의 관심을 받고 있다는 것을 온몸으로 느끼기 시작하자 자해를 하기보다는 말로 표현하고 애교를 부리는 아이로 변했다.

아이들은 자신이 어떻게 해야 관심을 받을 수 있는지 본능적으로 알고 있다. 하지만 어떤 방식으로 행동해야 긍정적인 관심을 받을 수 있는지는 모른다. 아이에게는 부정적인 관심이나 긍정적인 관심 모두 같은 관심인 것이다. 그것이 부모와 아이 사이에 악순환을 만든다. 말썽을 피우는 아이를 혼내는 부모, 혼나는 것으로 자신이 관심을 받았다는 사실에 기쁜 아이가 되는 것이다. 그래서 또다시 말썽을 피우고 다시 혼내는 부모가 반복된다. 어느 순간 이러한 행동이 굳어져서 아이도 관심이 목적이 아닌 습관적인 행동을 하게 된다. 부모 역시 습관적으로 혼내는 패턴에 익숙해져 아이와 부모 모두 불행해진다.

얌전하던 아이가 갑자기 말썽을 부리기 시작한다면 부모는 아이에게 관심을 얼마나 주었는지 상관없이 자신을 돌아보아야 한다. 아이의 과도한 행동에는 이유가 있다. 그것이 어떤 이유이든 부모는 분명히 아이의 행동에 관여하고 있다. 다만 부모가 모를 뿐이다.

어릴 때 부모로부터 애정 표현을 받지 못해 자신도 애정을 표현하는 것이 힘든 사람들도 있다. 이런 사람들에게 묻고 싶다. 내 아이도 애정 표현을 어려워하는 아이로 만들 것인가? 또 쑥스러워하며 굳이 애정을 표현할 필요성을 못 느끼는 사람들이 있다. 이런 사람들에게 말하고 싶다. 아이는 독심술사가 아니다. 부모가 표현하지 않으면 모른다.

아이가 바라는 것은 '관심'이다. 아이는 관심을 통해 사랑을 느끼고 그 사랑을 먹고 무럭무럭 자라는 꽃이다. 만약 사랑을 주지 않는다면 아이는 피지도 못하고 시들 것이다. 아주 작은 것이라도 좋다. 아이에게 '나는 너에게 관심이 있단다'라는 것을 적극적으로 표현해야 한다. 그 작은 관심이 아이의 인생을 바꾸는 터닝 포인트가 될 것이다.

## 07 아이와 자주 스킨십을 하라

스킨십은 어떤 말보다도 강력한 메시지를 전달한다.
– 사이토 이사무

어린이집의 일과를 마치고 엄마가 자신을 데리러 오면 대부분의 아이들은 환한 미소를 지으며 엄마 품에 와락 안긴다. 그럴 때 엄마들의 반응은 다양하다. 선생님 앞에서 어리광을 부리는 아이가 부끄러운지 "얘가 왜 이래? 아기처럼." 하고 들으라는 듯 작지 않은 목소리로 말하며 멋쩍게 웃는 엄마가 있다. 반면에 "그래, 우리 딸." 하고 활짝 웃으면서 아이를 더욱 꼭 끌어안아주는 엄마도 있다. 겨우 반나절 안 봤을 뿐인데도 마치 이산가족 상봉한 듯 뜨겁게 포옹한다. '저 아이는 엄마에게 듬뿍 사랑받으며 자라는구나' 하는 생각에 내 마음도 흐뭇해진다.

엄마와 아이의 스킨십은 중요하다. 1957년, 위스콘신 대학의 심리학자 해리 할로는 엄마와 아이 사이의 애착의 영향 정도를 알아보기 위해 대체 동물인 원숭이를 대상으로 실험했다. 어미 원숭이에게서 새끼 원숭이를 떼어내어 가짜 어미가 있는 우리로 옮겼다. 가짜 어미는 두 종류였는데, 하나는 철사로 된 모형이고 다른 하나는 철사 모형을 따뜻한 털로 감싼 모형이었다. 철사로 만든 어미에게서는 젖병을 연결해 젖이 나오는 반면 철사 모형을 털로 감싼 어미에게서는 젖이 나오지 않았다. 하지만 촉감이 부드러워 진짜 어미 같은 포근함을 느낄 수 있도록 했다. 즉 먹이를 택할 것인지, 어미의 사랑을 택할 것인지를 알아보는 실험이었다. 과연 새끼 원숭이는 어느 쪽을 선택했을까?

실험에 참가한 학자들은 대부분 원숭이는 동물이고, 또 새끼인지라 당연히 따뜻한 사랑보다는 먹이를 찾아갈 것으로 예상했다. 그러나 예상은 빗나갔다. 새끼 원숭이는 털로 감싼 포근한 어미에게서 떨어질 줄 몰랐다. 털로 감싼 어미의 모형을 꼭 끌어안고 털을 핥고 어미 모형 위에서 잠을 잤다. 그러다가 배가 고파서 참을 수 없을 때만 겨우 철사 어미에게 가서 우유를 먹고 왔다. 이렇게 새끼 원숭이들은 실험 과정 7년 동안 진짜 어미 없이 영양 공급만 받으며 자랐다. 털로 감싼 모형 어미에게 일방적인 사랑만 표현하면서 성장했고, 몸은 허약했다. 영양 공급을 제대로 받았음에도 새끼 원숭이들은 왜 허약해졌을까? 이유는 간단하다. 면역 체계를 담당하는 호르몬

분비가 제대로 되지 않았기 때문이다. 그러나 더욱 충격적인 사실은 어미 없이 자란 새끼 원숭이들의 뇌 사진을 찍어보니 일반 원숭이들에 비해 뇌의 크기가 매우 작고 지능이 낮았다.

그렇다면 어미의 사랑을 받지 못하고 자란 이 새끼 원숭이들은 어른이 되어서 어떤 행동을 보였을까? 어른이 된 원숭이들은 원숭이 집단에서 제대로 어울리지 못하고 반복적으로 이상행동을 보였다. 수컷들은 난폭하고 잔인했다. 사회성이 형성되지 않은 데다 교미 방법도 몰라 강제로 번식을 시켜야 했다. 어미 없이 자란 암컷은 새끼를 낳아도 새끼를 죽여버리거나 냉담한 태도를 보이며 돌보지 않았다. 어미로서의 모성을 찾아볼 수 없었다. 이 실험으로 모성도 유전이 아니라 엄마와의 사랑을 통해 형성된다는 사실이 밝혀졌다.

이 실험을 통해 엄마의 사랑이 담긴 따뜻한 스킨십이 아이를 키우는 데 있어 그 무엇보다도 우선임을 알 수 있다. 신체 발달, 지능 발달, 사회성 발달과 모성까지 엄마가 주는 스킨십의 영향은 엄청나다. 다른 모든 것을 다 해줘도 엄마의 사랑이 담긴 스킨십이 없다면 아이는 안정적으로 자랄 수 없다.

며칠 전 마트에서 엄마에게 자꾸 안아달라고 조르는 아이와 실랑이하는 엄마를 보았다. 아이의 엄마는 "아니, 왜 자꾸 이래? 엄마 지금 바쁘니까 그만해. 그만하랬지. 계속 이러면 엄마 화낸다."라고 말했다. 그럴수록 아이는 엄마에게 더 붙으려고 했다. 아마도 장을 볼 시간은 한정되어 있어 바쁜데, 아이가 귀찮게 해서 시간이 자꾸 더뎌지는 모양이었다.

아이에게 이런 식의 대응은 옳지 않다. 아이는 '엄마, 저 좀 봐주세요. 저 좀 사랑해주세요'라는 신호를 계속 보내고 있는데도 엄마는 그 신호를 무시하고 못 듣고 있는 것이다. 이럴 땐 차라리 쇼핑카트를 멈추고 단 몇 초라도 아이를 꼭 끌어안아주면 아이는 더 이상 조르지 않는다. 그것이 오히려 시간을 절약하는 방법이다.

아마도 이 아이는 자라면서 엄마에게 충분한 스킨십을 받지 못했을 것이다. 그런데 아이가 원하는 이때마저 엄마가 스킨십을 거절한다면 아이의 결핍은 결국 채워지지 못한 채 어른이 되고 만다. 아이가 애정이 결핍된 상태로 어른이 되면 그만큼 자존감이 부족해 실패를 두려워하게 된다. 또 원만한 사회성이 발달하지 못해 사람들과의 관계 형성이 어렵다. 앞의 사례에서 어미 없이 자란 새끼 원숭이들과 별로 다를 바 없게 된다.

그러나 한 가지 주의할 점이 있다. 스킨십이 중요하다고 해서 무턱대고 안아주어서는 안 된다. 스킨십은 아이와의 정서적 교감이 목적이다. "연애할 때 여자들은 사랑 표현을 좋아하니까 최대한 많이 표현해야 한다."라는 말을 듣고, 상대 여성의 기분은 파악하지도 않은 채 무턱대고 달려들어 안고 뽀뽀하는 철부지 남성은 아마 없을 것이다. 엄마와 아이 사이도 마찬가지다. 선생님에게 호되게 혼이

나서 풀이 죽어 있는 아이에게는 엄마의 포옹이 특효약이다. 그러나 공부와 친구 문제 등 여러 가지 일로 예민해져 있는 아이에게는 엄마가 가까이 다가오는 것만으로도 귀찮고 짜증이 날 수도 있다. 그러니 먼저 아이의 감정 상태를 파악하고 아이가 보내는 무언의 신호에 안테나를 세워야 한다.

스킨십은 단순히 엄마와 아이의 피부만 접촉하는 것이 아니다. 서양에서는 이웃끼리도 볼에 가벼운 뽀뽀를 하며 인사를 나누는 문화가 형성되어 있다. 그런데 이렇게 형식적인 인사를 하며 나누는 스킨십으로 상대방과 교감하는 것은 아니다. 그저 형식적인 인사의 한 방법일 뿐이다. 인사는 인사일 뿐, 따뜻한 마음이 담긴 스킨십과는 전혀 다르다. 단순한 피부의 접촉을 스킨십으로 생각하면 곤란하다. 마음이 담기지 않은 신체적 접촉은 그냥 피부와 피부가 닿는 것일 뿐이다. 그 이상도 이하도 아니다.

부부 사이에서도 아이들 앞에서는 교육상 좋은 모습을 보여주려고 한다. 출근길 집을 나서기 전 부부는 아이들 앞이라 서로 사랑하는 척 포옹을 한다. 그렇다고 해서 이런 무미건조한 스킨십으로 부부 간의 교감이 이루어진다고 보기는 어렵다. 아이와의 스킨십도 마찬가지다. 가슴은 따라주지 않지만 육아 이론 때문에 형식적으로 아이를 안아준다면 아이의 몸 역시 엄마의 형식적인 사랑을 단번에 알아차린다. 아이에게 사랑과 애정을 담아 꼭 안아주어야 한다. 그래야 아이는 '내가 사랑받고 있구나'라고 느끼며 자존감이 높아지고 자신감이 넘친다.

엄마와의 포옹은 아이에게 안정감을 주며, 자신이 필요한 존재임을 느끼게 해준다. 그렇기 때문에 엄마와 애정이 담긴 스킨십을 자주 주고받는 아이들은 밝고 긍정적이다. 모든 아이는 놀라운 잠재력을 갖고 태어난다. 아이가 그 잠재력을 능력으로 키워가도록 돕는 것은 엄마의 사랑이 담긴 스킨십이다. 타고난 아이의 무한한 잠재력을 제대로 발휘하도록 하기 위해서는 어린 시절 엄마의 스킨십이 절대적으로 필요하다는 뜻이다.

사랑하는 아이에게 자신이 얼마나 소중한 존재인지 알게 해주고 싶은가? 아이의 무한한 잠재력을 이끌어내고 싶은가? 그렇다면 하루에도 몇 번씩 아이를 안아주자. 아이가 충분히 안정감을 느낄 수 있도록 더 많이 안아주고 더 많이 쓰다듬어 주자.

Chapter 3

# 육아의 90%는 감정이다

## 01 엄마의 최선이 아이에게 최선은 아니다

자식을 불행하게 하는 가장 확실한 방법은
언제나 무엇이든지 손에 넣을 수 있게 해주는 일이다.
– 루소

TV 드라마의 한 장면이다. 80평 아파트에 살며 남부러울 것이 없었던 여주인공은 남편의 사업 실패로 하루아침에 지하 단칸방에서 살게 된다. 남편은 온종일 택배 일을 하며 두 다리가 퉁퉁 부을 지경인데 부인은 대출을 받아 고가의 유모차를 구입했다. 그것도 모자라 첫째는 100만 원 단위의 영어 유치원에 보낼 것이라고 말한다. "우리 형편에 지금은 할 수 없는 것들이야."라는 남편의 말에 부인은 "아이들한테는 최고로 해줄 거야. 비록 지하 셋방에 살아도 내 자식만은 최고로 좋은 것에 태우고 싶어. 적어도 남들 하는 만큼은 해주는 게 부모 아니야?"라며 화를 냈다.

아이에게 좋은 옷을 입히고, 좋은 장난감을 사 주며, 좋은 음식만 먹이고 싶은 것이 부모의 마음이다. 하지만 드라마에서처럼 현재 상황을 전혀 생각하지 않고 무리하게 아이를 위하는 것은 필요 이상의 겉치레다.

수미 씨는 비교적 늦은 나이인 38세에 첫딸을 낳아 누구보다도 육아에 관심이 많았다. 그녀는 늦게 낳은 아이를 잘 키우려는 욕심에 인터넷 육아 사이트와 블로그 등을 찾아보며 열심히 정보를 수집했다. 인터넷에는 돌도 안 된 아기에서부터 유치원생에 이르기까지 책읽기에 빠진 아이들이 줄줄이 소개되어 있었다. 수미 씨는 책을 읽고 영재성을 보이는 아이들의 모습이 신기하기만 했다.

수미 씨는 자신의 딸에게도 책을 열심히 읽혀서 영재로 키우고 싶었다. 아기 때부터 책을 끊임없이 보여줘야 한다는 말에 수백만 원을 들여 전집을 샀다. 수미 씨의 아기는 그렇게 10개월에 500권, 두 돌 때는 1,000권의 책을 읽었다. 아기는 생후 10개월 무렵부터 기저귀를 갈고 젖을 먹는 시간 외에는 온종일 책만 찾을 만큼 심한 책 중독 증세를 보였다. 수미 씨가 목이 쉬도록 책을 읽어주면 아이는 눈동자도 움직이지 않고 늦은 밤까지 책을 보았다.

그러나 첫돌이 지날 무렵부터 수미 씨는 아이가 이상하다는 것을 느끼게 되었다. 모든 사물에 관심을 보이던 아이의 눈빛이 흐려져 있었다. 아이는 때가 되어도 기지 않았고 돌이 지나도록 걷지 못했다. 걱정이 된 수미 씨는 인터넷의 유명 육아 사이트를 뒤졌고, 수미 씨의 아이처럼 몰입하는 것이 영재성의 증거라는 말에 안심하고 기뻐했다.

그런데 아이의 상황이 점점 더 나빠졌다. 다른 아이에 비해 신체 발달이 현저히 늦고, 세 돌이 지나도록 계단을 서너 개밖에 올라가지 못했다. 도저히 안 되겠다 싶어서 수미 씨는 아이가 보는 책을 끊었다. 책을 읽히지 않겠다고 결심하고, 그저 많이 놀아주려고 애썼다. 그러자 희한하게도 아이는 금세 책에서 멀어졌다. 아이의 눈빛도 점점 원래대로 돌아왔다. 수미 씨는 자신이 그동안 아이를 학대했다면서 무척이나 가슴 아파했다.

위 사례는 몇 년 전 신문에 실린 기사다. 잘못된 인터넷 정보가 오히려 아이에게 독이 된 전형적인 사례다. 엄마는 아이를 위해 그랬다고 하지만 잘못된 정보를 바탕으로 아이에게 행해지는 많은 일들은 학대나 마찬가지다. 이 아이의 경우, 아직은 어린 나이인 데다 엄마인 수미 씨가 그동안의 잘못을 깨닫고 올바른 방향으로 급선회를 해서 그나마 다행이었다.

이 세상 엄마들이라면 모두 자신의 아이를 잘 키우고 싶은 욕심이 있기 마련이다. 엄마가 되면 모성애가 생기는 것이 자연스럽듯 욕심도 자연스럽게 따라붙는다. 컴퓨터 앞에 앉아 모니터를 바라보고 마우스를 이리저리 클릭하며 육아에 좋다는 새로운 이론과 넘쳐나는 정보를 메모한다. 그러나 아이를 잘 키우기 위해 욕심만 내세우다가는 자칫 큰일을 겪을 수 있다. 아이와 양육에 대한 바른 지식과 신념, 적절한 행동 전략이 필요하다.

두뇌 회전이 빠른 아이도 단계에 맞는 적기교육을 하는 것이 두뇌 발달에 가장 좋다. 선행학습도 너무 미리 하면 머리가 좋은 아이일지라도 과부하가 걸리게 마련이다. 유아기에 다른 아이들보다 머리가 좋아 보이는 아이들이 있다. 이런 아이들의 부모는 자칫 함정에 빠지기 쉽다. 아이를 기본보다 더 빨리, 더 많이 가르쳐야 한다고 생각하기 때문이다.

아이의 두뇌에 뭔가를 계속 넣어주어야 영재성이 계속 유지된다고 착각하는 것이다. 두뇌에 과부하가 걸리면 건강을 해치고 정서적으로도 문제가 생긴다. 두뇌의 회로가 엉망진창이 되어 망가진다. 영재로서 성공한 삶을 사는 것이 아니라 오히려 평범한 이이보다 못한 불행한 삶을 살게 될 수도 있다.

엄마는 아이를 사랑하기 때문에 아이에게 해주고 싶은 것이 너무 많다. 넘쳐나는 최신 정보를 모두 적용해서라도 내 아이를 최고로 키우고 싶다. 그러나 그런 생각은 마음만으로 충분하다. 인터넷이나 주변 사람들을 통해 듣거나 알게 되는 육아 정보를 접하면 일단 심호흡을 할 필요가 있다. 흥분되는 마음을 가라앉히고 냉정하게 생각해야 한다. 정보의 홍수 속에서 취사선택해서 내 아이에게 필요한 것은 취하고 필요 없는 것은 과감히 버려야 한다.

아이를 위하는 길이 무엇인지 엄마로서 최선의 생각을 해야 한다. '이것이 내 아이를 위한 최고의 방법이다!'라는 생각이 든다면 바로 적용하지 말고 다음 날 다시 한 번 더 생각해보라. 당장의 흥분이 가라앉은 상황에서 좀 더 객관적인 시선으로 볼 수 있을 것이다. 아이는 엄마와 다른 존재다. 엄마가 생각하는 최선이 아이에게도 맞춤식 최선이 아닐 수 있다는 말이다. 과유불급이라고 했다. 아이를 위하는 마음이 때로는 부족한 것이 아이에게 더 적합할 때도 있다. 사랑이라는 이름으로 아이에게 독을 주는 실수를 범하지 말아야 한다.

아이에게는 아이의 연령과 발달에 맞는 과정이 있다. 엄마는 내 아이를 위해 모든 것을 다해주고 싶지만 우선 참아야 한다. 그리고 부모의 욕심으로 아이에게 과도한 기대를 하는 것은 아닌지 생각해야 한다. 내 아이를 위해 내가 할 수 있는 길이 무엇인지 알아야 한다. 만약 부모의 욕심이라는 생각이 1%라도 든다면 멈춰라. 왜냐하면 자신이 생각할 때는 1% 욕심이라고 생각할지 몰라도 다른 사람이 볼 때는 90%로 보일 수 있기 때문이다.

아이는 부모의 만족을 채우기 위한 도구가 아니다. 주위에서 자신의 아이가 영재라는 이야기를 듣고 싶고, 자랑하고 싶은 마음이 있다면 버려야 한다. 대부분 옷을 잘 입는 엄마들이 자신의 아이도 예쁘게 옷을 입힌다. 그런데 예쁜 옷 중에 편한 옷은 별로 없다. 아아이들은 옷에 이물질이 묻으면 어떡하나 걱정하기보다는 뛰어놀기 바쁘다. 그런데 부모는 옷이 망가질까 봐 아이에게 조심히 놀아야 한다고 신신당부를 하게 된다. 편하게 아이가 놀 수 있어야 아이와 엄마 모두 행복해진다.

음식도 뭐든지 유기농으로 먹이기 위해 노력하는 부모가 있다. "우리 애는 태어나서 한 번도 과자를 안 먹어봤어요.", "아이에게 절대로 사탕은 안 먹이려고요. 그래서 아이가 아직 사탕이 무슨 맛인지도 몰라요.", "요즘 합성첨가물이 많잖아요. 그래서 모든 음식을 제가 직접 만들어서 먹여요. 재료는 꼭 유기농만 사용하고요. 그래서 식재료비가 많이 들기는 하는데 그래도 외식은 절대 하지 않아요.", "햄 같은 건 집에서 절대로 먹이지 않아요. 어제 할머니가 햄을 주는 바람에 계속 달라고 해서 머리가 아프네요." 등 아이의 먹을거리에 대해 철두철미한 엄마들이 많다. 그런 마음이 이해도 되고 나쁘지 않다고 생각한다. 실제로 인스턴트나 과자, 사탕 등은 몸에 좋은 것이 아니니까 말이다.

하지만 너무 과한 것은 안 좋다. 아이에게 영원히 유기농만 먹게 할 수는 없다. 엄마의 통제에도 한계가 있고 집에서 한 발짝만 나가도 다양한 음식들이 넘쳐나기 때문이다. 음식에 관해 적당한 통제는 필요하지만 아이가 여러가지 음식을 접하는 것도 중요하다. 친구들과 함께 이야기를 나눌 때도 아이들은 과자나 피자, 치킨 등의 이야기를 많이 한다.

아이에게 어느 정도의 일탈은 허용해주고 대신 과한 섭취는 자제시킨다면 유기농만 먹을 때보다 아이는 세상을 더욱 다양하게 맛볼 것이다. 이 말은 인스턴트나 과자, 피자, 치킨, 사탕 등이 좋다는 말이 아니다. 경험의 차원에서 아이에게 더 다양한 음식을 만날 수 있도록 도와주어야 한다는 것이다. 너무 깨끗한 물에서는 물고기가 살 수 없다. 아이도 너무 깨끗한 음식만 먹으면 다른 음식에 대한 면역력이 약해진다. 평생을 살균된 환경에서 살 수 없다면 미리 적응시키고 스스로 통제할 수 있도록 이끌어주는 것이 좋다.

모든 엄마들에게 자신의 아이는 세상 무엇과도 바꿀 수 없는 보물이다. 그래서 그 보물을 위해 할 수 있는 한 모든 것을 해주고자 한다. 뭘 해주든지 그것은 엄마의 자유다. 그러나 아이가 불행하다고 느끼는데 엄마만 만족하는 최선은 안 하는 것이 낫다. 내 인생 최고의 보물이 환하게 빛날 수 있도록 아이와 엄마 모두 최선의 방법을 찾아야 한다.

## 02 미안한 엄마, 망가지는 아이

사람은 함께 웃을 때 서로 가까워지며 행복을 느낀다.
— 버스카글리아

서현 씨는 결혼 전 친구들이 약속시간에 늦거나 약속을 취소할 때마다 말하는 핑계가 마음에 들지 않았다.

"애 때문에……"
"아이가 아파서……"
"아이를 데리고 가기엔 너무 멀어서."
"오늘 아이를 맡길 곳이 없어."

서현 씨는 친구들의 말을 들을 때마다 애한테 너무 매달려 사는 것 같아 이해가 안 되었다. 그런데 결혼 후 아이를 낳고 자신도 이와 같은 말을 하고 있다는 사실을 발견했다. 정말 아이가 있어서 못 하는 일이 많은 것이다. 일을 하려고 해도 아이를 누군가에게 맡겨야 하고 잠시 시간을 만들려고 해도 아이를 어떻게 해야 할지 해결해 놓고 시작해야 한다.

서현 씨의 경우는 친정엄마가 가까이 살아도 늘 눈치를 봐야 하는 입장이다. 아이를 보는 게 쉬운 일이 아니어서 친정엄마에게 미안하기 때문이다. 서현 씨는 꼭 만나고 싶었던 친구들과의 모임이 있던 날, 허리가 아픈 친정엄마에게 아이를 맡길 수 없어 결국 친구들과의 만남을 포기했다. 서현 씨는 같은 처지의 친구에게 속을 푸는 것으로 마음을 달랬다. 이렇게 지내다 보니 만나는 사람들은 자연스럽게 아이 또래의 엄마들이었다. 그러면서 자연스럽게 사회활동과는 멀어지게 되었다.

맞벌이를 하면 계속 사람들에게 미안하다는 소리를 입에 달고 살게 된다. 간다고 하면서 못 가게 되는 경우도 발생하게 된다. 또 시간 약속을 매번 못 지키는 일이 발생한다. 시간 맞춰 준비를 했어도 아이가 말썽을 피우기도 한다.

이 이야기는 서현 씨만의 이야기가 아니다. 모든 엄마들의 이야기다. 엄마라는 이유로 매일 다른 사람에게 미안하다는 말을 달고 살아야 한다. 그것은 아이에게도 마찬가지다. 특히 직장에 다니는 엄마들은 아이에게 미안한 마음이 크다. 그렇기 때문에 아이가 원하는 것은 다 해주고 싶어 하는 경향이 크다. 아이가 무작정 버릇이 없어질 때도 엄마는 아이를 그렇게 만든 것이 꼭 자기 탓인 것 같아 또 아이에게 미안해진다.

자신에게 항상 미안해하는 엄마를 보고 자란 아이는 스스로 안전하다는 느낌을 받지 못한다. 엄마는 미안한 마음 때문에 아이에게 적당한 제한도 하지 못하고 정서적으로 안정적인 분위기를 만들어주기 어렵다. 그런 환경 속에서 자란 아이들은 항상 뭔가 불안하다. 심적으로 안정되질 못하니 자꾸 뭔가 신경 쓰이고 불안하고 엄마에 대해 뭐라 말하기 어려운 원망과 사랑하는 마음이 공존한다.

아이를 그렇게 만들고 싶지 않다면 아이에게 명확하게 사과해야 할 일이 있지 않을 땐 미안해하지 말아야 한다. 아이는 엄마가 사과해야 할 대상이 아니라 보호할 대상이다. 언제나 아이에게 고개를 숙이고 미안해하는 엄마는 아이에게 믿음을 주지 못한다. 신뢰 관계가 형성되지 못한 사이에서 무엇을 할 수 있을까? 정말 잘못한 일이 있을 때만 아이에게 미안해하면 된다.

미안한 마음에 아이에게 모든 것을 허용하지 말아야 한다. 아이는 자신이 어디까지가 한계인지 모른다. 그러므로 엄마가 제한선을 설정해서 아이가 안전함을 느끼도록 도와주어야 한다. 안전함을 느껴야 아이는 안정감을 느낀다. 또 아이의 행동 중 올바르지 않은 것은 단호하게 훈육해야 한다. "내가 아이에게 뭐 해준 게 있다고.", "어린이집에서 오랜 시간 있었던 아이인데, 안쓰러워서 어떻게 혼내요."라는 마음에 아이의 훈육을 제대로 하지 않는다면 나중에 아이의 원망은 다 부모의 몫이 될 것이다.

진영 씨의 첫째 아이는 35개월이고, 둘째 아이는 13개월이다. 어린이집에 다니다가 아이들이 선생님이 무섭다고 안 가겠다고 해서 집에서 보고 있다. 남편은 일이 바빴다. 또 명절이 끝나니 해외 출장을 가고 집을 비웠다. 하필 그때 진영 씨는 몸살이 나서 열이 나고 힘들었다. 그런데 집 안 청소에 아이들 끼니까지 챙겨 주느라 아이들과 시간을 많이 보내지 못했다. 큰아이는 낮잠도 안 자고 둘째 아이는 어제까지 열이 났던지라 예민한 상태다. 첫째 아이를 힘들게 재우고 둘째를 재우고 나니 10시가 되었다. 이제 거실만 정리하면 된다 생각하며 밖에 있으려니 10시 30분쯤 큰아이가 안 자겠다고 울며 밖으로 나오는 바람에 둘째 아이도 깼다. 제어가 안 되는 마음에 큰아이의 엉덩이를 한 대 때리고 쓸데없이 아이를 윽박질렀다.

"너 오늘은 안 재워줄 거야. 다시 깨면 진짜 혼낼 거야!"라고 말하며 아이의 손을 뿌리쳤다. 아이는 방에서 울다 지쳐 잠이 들었다. 그런데 진영 씨는 아이에게 윽박지르던 자신의 모습이 자꾸 떠올라 잠이 오지 않았다. 아이에게 미안하다고 제대로 말도 못한 채 하루가 지나가는 데 불안감마저 느꼈다. 그러나 남편의 도움 없이 혼자 아이 둘을 키우기란 쉬운 일이 아니었다. 그래서 거의 놀아주지 못하고 밥을 먹이고 재우는 것만 겨우 했다. 그래서인지 아이들의 얼굴을 보고 있으면 더 미안한 마음이 든다.

상희 씨는 두 아들을 둔 회사 동료와 함께 점심을 먹다가 요즘 우울증 약을 먹고 있다는 동료의 말에 깜짝 놀랐다. 언제나 밝고 일 처리도 똑 부러지게 하는 워킹맘이라 우울증과는 거리가 먼 사람이라고 생각했는데 충격이었다. 통계청 자료를 보면 기혼 여성이 결혼 전후 직장을 그만두는 이유 중 8.5%만이 일을 하고 싶지 않아서라고 한다. 임신과 출산, 가정과 일 사이의 균형 때문에 그만두는 경우가 80%가량 되는 것을 보면 우리나라에서 엄마가 일한다는 것은 용감한 일이라는 생각이 들 정도다. 그러나 워킹맘들은 가사 분담도 남편과 제대로 이루기 어렵다. 더욱이 아이를 맡길 곳이 늘 마땅하지 않아 이중 삼중고를 겪는다.

어느 여론조사에서 워킹맘의 스트레스 중 가장 높은 비율을 차지한 것이 아이와 놀아주지 못할 때 생기는 죄책감이었다. 직장에 다니는 엄마들은 과로나 일에서 오는 스트레스보다 아이와의 관계에서 느끼는 스트레스가 가장 크다는 뜻이다. 문제는 엄마의 우울증은 결국 아이의 스트레스로 이어진다는 사실이다. 결국 좋은 엄마란 자신의 스트레스를 제대로 관리해 아이에게 스트레스를 물려주지 않는 엄마일 것이다. 이 스트레스의 고리를 끊는 방법은 죄책감으로 인한 스트레스를 없애는 방법밖에 없다. 그것이 오히려 아이를 행복하게 만드는 길이다.

아이는 오랜 시간 함께하지 못하더라도 씩씩하고 밝은 엄마로부터 행복감을 느낀다. 피곤한 몸을 이끌고 놀이터에 나가서 앞으로 해야 할 수많은 일을 생각하며 한숨을 쉬고 있지 말자. 그 대신 아이에게 "오늘은 엄마가 할 일이 많아서 놀이터에 못 나가. 대신 엄마 일이 끝나면 맛있는 거 먹으러 가자."라고 당당하게 말할 줄 알아야 한다. 그런 엄마의 아이가 신체적, 정신적으로 훨씬 건강하다. 조금 나쁜 엄마가 되더라도 행복한 사람이 되기 위해 노력하는 것이 아이와 엄마 모두가 행복해지는 길임을 기억하라.

어차피 바꿀 수 없는 상황이라면 차라리 아이에게 상황을 설명하고 양해를 구하자. 아이에게도 그 정도 아량은 있다. 내 아이를 어떤 아이로 만들고 싶은가? 엄마의 선택에 달렸다. 그 선택이 행복한 엄마와 아이의 미래를 만들 것이다.

## 03 감정을 다스려야 아이가 보인다

웃음은 인류로부터 겨울을 몰아내주는 태양이다.
— 빅토르 위고

아이가 일을 저질렀을 때 엄마들은 보통 감정적으로 변한다. 아이를 아무리 사랑하는 엄마라고 해도 어쩔 수 없이 올라오는 감정을 주체하지 못할 때가 있다. 엄마의 감정을 아이에게 분출하는 건 한순간이지만 그 순간의 경험이 아이에게 부정적인 영향을 미친다. 거기에다 화가 난 상태로는 아이의 정확한 모습을 보기 어렵다. 아이는 화난 엄마 앞에서 뭐라고 해야 할지 몰라서 말을 하지 않는 것인데 화가 난 엄마 눈에는 잘못해 놓고 잘못을 인정하지 않는 아이로 보이기도 한다. 또 아이가 자신의 생각을 말하려고 하면 말대꾸하는 것으로 보여서 더 혼을 내기도 한다. 화난 상태로는 아이의 온전한 모습을 보기 어렵다.

아이는 엄마의 불안을 같이 느낀다. 불안이 별로 없던 아이도 엄마가 불안을 느끼면 불안이 전염된다. 아이에게 불안과 걱정을 전달하고 싶은 엄마는 없을 것이다. 불안을 가진 엄마는 아이를 나약하게 본다. 혹시 아이가 다치지는 않을지, 놀이터에서 사고가 나는 건 아닐지, 어린이집에서 아이가 적응을 못하는 건 아닌지 등을 걱정한다.

하지만 아이는 우리가 생각하는 것보다 강하다. 불안한 엄마의 마음으로 아이를 보면 아이는 한없이 약하고 불안한 존재일 뿐이다. 그러나 엄마의 이러한 생각이 아이를 더욱 나약한 존재로 만든다. 스스로 할 수 있는 일도 도와주면서 아이 혼자서 할 수 있는 기회들을 빼앗는 것이다. 그런데 엄마들의 이러한 감정이 단순히 엄마의 잘못일까? 심리치료 중 가장 어려운 치료의 하나인 트라우마(외상성 상처) 치료에서 '감정의 홍수'란 개념이 있다.

이 분야의 대가인 반드폴 박사는 '감정의 홍수'는 대개 오랜 세월에 걸친 고질적이고 심각한 심리적 문제에서 파생되며, 신체적으로나 정신적으로 감정의 폭풍우에 휩싸이는 듯한 상황이라고 말한다. 마치 집이 홍수에 잠기는 것처럼 긴 시간 불쾌한 감정을 겪고 그 감정을 없애더라도 그 흔적이 남는 것이다. '감정의 홍수'는 뇌에서 위기 상황이라고 판단할 때 일어난다. 남자는 '감정의 홍수' 상태가 빨리 일어나고 여자는 '감정의 홍수' 상태에서 빠져나오는 것이 빠르다. 왜 그럴까? 남자는 위기 상황이라고 뇌가 판단한 순간 이성적인 사고 처리를 하는 전두엽으로 피를 보내지 않는다. 대신 순간적인 도피 능력이 상승한다. 반대로 여성은 위기 상황에서 아이와 가정을 돌봐야 한다는 본능 때문에 전두엽을 통해서 우선순위를 정하고 아이와 가족을 챙긴다. 특히 아이의 울음소리로 인해 마음을 진정시키는 옥시토신이 분비되면 침착하게 주위를 살핀 뒤 본능이 시키는 대로 위험을 피한다. 그래서 엄마들은 아이가 사고를 치면 참고 참다가 터뜨리지만 아빠들은 욱하고 화를 낸다.

'감정의 홍수' 상태는 자극에 무조건적으로 반응하는 것이 아니다. 어떤 기억을 가지고 있는가에 따라 같은 정보에 대해서도 다른 반응이 나온다. 예를 들어, 다섯 살 때 개에게 물렸다면 아이는 정말 무섭고 아픈 기억을 갖게 된다. 아이는 그로부터 오랜 시간이 지나 성장한 뒤에도 멀리서 개를 보기만 해도 도망가게 된다. 반대로 어릴 적부터 강아지와 즐겁게 놀았던 기억이 있는 사람은 성장해서 개를 보면 반갑게 쓰다듬어준다. 어릴 때 보신탕을 맛있게 먹은 기억이 있는 사람은 개를 보고 군침이 먼저 나올지도 모른다. 자기 안에 있는 경험에 따라 다르게 반응하는 것이다.

또 다른 예로 아버지가 술만 마시고 집에 왔다 하면 엄마와 자신을 때렸던 기억을 가진 사람은 남편이 술 냄새만 풍겨도 혐오스럽고 속이 뒤집어진다. 그러나 어릴 때 아버지가 술만 마셨다 하면 집에 올 때 먹을 것도 사 들고 오고 용돈도 주고 흥에 겨워 노래도 불러준 기억을 가지고 있다면 남편이 술 냄새를 풍겨도 혐오스럽지 않고 꿀물 정도는 타 주는 여유를 보일 것이다. 아이와 부모 문제에서도 '나는 내 아이 때문에 정말 미치겠다'라는 생각이 든다면 일단 자신의 어떤 기억이나 경험이 연상되는지부터 점검해보는 것이 중요하다. 이때 감정은 아주 중요한 단서를 제공하기도 한다. 세부적인 사실이 의식적으로 기억나지 않아도 비슷한 감정을 느꼈던 때를 떠올리면 대개 현재 나의 감정의 근원을 발견할 수 있다.

예를 들어, 임신했을 때 했던 남편의 무신경한 행동이 굉장히 섭섭해 기억에 남아 있는데 아이가 자라면서 남편과 비슷한 행동을 하면 그때의 섭섭했던 감정까지 되살아나서 본래 아이가 혼나야 할 강도보다 더 세게 혼내게 된다. 또는 어릴 때 쿵쿵거리며 벌컥 자신의 방문을 열고 혼부터 내는 부모가 있었다면 아이가 발소리만 시끄럽게 내도 그때의 기억이 떠올라 아이에게 화를 내게 된다. 항상 작은 일에도 인격 모독을 하며 편식에도 잔소리를 하는 엄마가 있었다면 아이가 편식하는 모습만 봐도 참지 못하는 경우도 있다. 그렇다면 이러한 '감정의 홍수' 상태에서 벗어나려면 어떻게 해야 할까?

먼저 예방이 가장 중요하다. 자기 달래기, 자기 진정을 통해 감정의 수위가 위험 수위를 넘어가기 전에 관리를 해야 한다. 그리고 이미 위험 수위를 넘어갔다면 적어도 마음을 진정시키는 데 20분 이상은 할애해야 한다. 왜냐하면 주 교감신경 전달물질인 노르에피네

프린은 감정을 분해시키는 데 도움을 주는 엔자임 효소를 가지고 있지 않다. 그 때문에 혈액을 통해 확산되어야 하는데 그 과정에서 시간이 걸리기 때문이다. 만약 감정이 위험 수위를 넘어섰다면 하던 모든 일을 멈추고 아이에게 "엄마가 지금 감정을 다스리는 데 시간이 필요해. 우리가 하던 이야기는 30분 후에 다시 나누기로 하자."라고 말하고 아이와 단절된 방으로 가서 감정을 진정시켜야 한다.

아이와 떨어져 있는 상황에서 자꾸 고통스러웠던 과거의 일이나 아이의 행동을 반복적으로 생각하면 안 된다. 그러면 자신만 더 괴롭다. 아이를 어떻게 혼낼지 분하고 화가 나는 감정도 잠시 멈추어야 한다. 이런 생각들은 스스로를 힘들게 할 뿐 감정을 다스리는 데 아무런 도움이 되지 않는다. 만약 남편과 같이 있는 상황이라서 남편이 아이를 봐줄 여건이 된다면 당장 수축된 혈관과 긴장을 풀어줄 수 있는 활동을 하면 좋다. 집 주변을 산책하거나 창문을 열고 시원한 바람을 느끼며 호흡을 하거나 긴장으로 굳어진 근육을 스트레칭으로 풀어준다. 좋아하는 음악을 듣는 식으로 신체와 정신에 가해진 긴장을 완화시키는 구체적인 활동을 하는 것이 많은 도움이 된다. 이마저도 힘들다면 가장 간단한 방법은 코를 통해 숨을 크게 들이마시고 내쉬는 동작을 반복하는 것이다. 그러면 위기 상황이라고 생각하고 급격하게 빨리 뛰던 심장이 천천히 뛰게 되면서 혈관의 긴장이 완화되고 진정된다. 이러한 행동을 통해 혈당과 혈압이 내려가고 전두엽으로 피와 산소가 다시 들어간다. 그러면 다시 생각을 하고 차분하게 이야기할 수 있게 된다. 매우 간단한 것 같아도 의학적으로 여러 연구에서 증명된 사실이다.

아이에게도 평소 호흡하는 방법을 알려주고 연습하면 아이들은 화가 나서 흥분 상태일 때 엄마가 평소 알려주던 호흡대로 따라 한다. 그러면 아이도 빨리 진정되어 대화로 해결하기 쉽기 때문에 부모와 아이 모두 격하게 싸우는 것을 피할 수 있다.

부모가 감정이 격해졌을 때 심호흡을 하며 마음을 진정시키고 대화로 문제를 해결하는 모습을 아이에게 보여주자. 아이들은 그 모습을 모방 학습해 실제로 형제들끼리나 친구들과 다툼이 일어났을 때 감정을 빨리 추스르고 대화로 해결할 수 있게 된다.

색안경을 끼고 바라보면 제대로 판단하기 어렵다. 감정이라는 선글라스를 어떤 색으로 할지는 부모가 스스로 선택하는 것이다. 아이를 온전히 보려면 투명한 선글라스를 써야 한다. 사랑하는 내 아이를 감정 때문에 잘못 본다면 이후 아이가 성장한 뒤 무척 후회하게 될 것이다. 내 아이를 온전히 바라볼 수 있도록 감정을 다스리는 부모가 되기 위해 노력해야 한다.

## 04 화내고 후회하는 엄마가 되지 마라

조금 화가 나면 행동을 하기 전에, 또는 말을 하기 전에 열을 세라.
몹시 화가 났을 때는 백을 세라. 화가 나면 날 때마다 이 사실을 상기하면
숫자를 셀 필요조차 없어진다.

— 톨스토이

"아기에게 화내고 나서 후회했네요. 아들에게 화를 낸 게 아직까지 마음이 편하지 않아요. 화낼 일도 아닌데 왜 그렇게까지 화를 냈는지 모르겠어요. 아침에 일어나면 하루 종일 낮잠 한 번 안 자는 아이 때문인지 저는 아이가 낮잠을 한 시간만이라도 깊게 편히 자는 모습을 보고 싶어요. 조금 자다가 예민해서 금방 깨어나 징징거리며 울어요. 젖을 줘도 잠도 안 자고 또 울고 몇 분 자다가 또 깨고 하는 모습에 저도 모르게 화가 나서 악을 쓰며 뭐라 했더니 울지도 않고 너무 조용해지더라고요. 엄마로서 너무 미안해요. 제가 정신적으로 좀 이상한 건지 아님 다른 엄마들도 다 이런지 모르겠네요. 앞

으로 우리 아이한테 화를 안 내야겠어요."

이것은 한 인터넷 커뮤니티에 올라온 글이다. 그 글에 네티즌들이 다양한 댓글을 남겼다. 어떤 사람은 "저희 아기도 낮잠을 오래 자지 못한답니다. 칭얼대서 안고 힘들게 재우면 길면 한 시간, 대부분 10여 분 만에 깨지요. 집에 에어컨을 틀어 놓아 더위도 안 느껴지는데 아기를 돌보다 보면 얼마나 화가 나는지 저도 모르게 덥더라고요. 아기도 나름 많이 답답하고 힘들 텐데 말이에요. 그런데 저도 사람인데 한번 화가 날 수도 있는 거 아니겠어요? 참을성을 가지도록 같이 노력해요."라고 말했다.

또는 "저는 다행히도 아기가 워낙 순해서 화낼 일이 많지 않았어요. 그런데 지금 14개월이 되니 정말 통제가 안 될 때가 많더군요. 최근에 처음으로 엉덩이를 때렸는데 엉덩이가 발개져서 정말 미안했어요. 근데 때린다고 알아듣는 것 같지 않았어요. 그래서 더 미안했죠. 전 그렇게 심하지 않으면 아기한테 화가 잘 안 나는 편이에요. 제 성격이 좋아서가 아니라 저도 제 자신에게 놀랄 정도로 아기에게만큼은 인내력이 강해요. 전 항상 아기란 존재는 일부러 그러지 않는다고 생각해요. 뭔가 불편해서 또는 아무것도 몰라서 둘 중의 하나예요. 어른이 아니고 또 한 번도 경험해본 적이 없기 때문에 어떤 행동을 한다고 생각해요. 아기에게 화를 내지 않고 자꾸 원인을 찾으려고 노력하면 되는 것 같아요. 어른들 말을 잘 알아들을 다섯 살 이후엔 말을 안 들으면 체벌이 효과가 있을지 모르지만 아직은 아닌 것 같아요. 원인을 찾아내어 해결하는 게 가장 좋을 것 같아요. 아이도 나와 다르지 않게 스트레스를 받고 있는 거라 생각하면 화 자체가 나질 않아요."라는 댓글을 올리기도 했다.

그 밖에 "엄마도 사람인지라 아이가 징징거리면 힘든 걸요. 전 어쩔 때 악쓰면서 우는 딸을 확 밀어버린 적도 있어요. 물론 실컷 울린 다음에 꼭 안아주긴 하지만 가끔은 딸이 저 때문에 다혈질이 되지 않을까 걱정한 적도 많아요. 다른 엄마들도 이런 마음일 것 같아요. 아기를 낮잠 잘 재우려면 산책을 해보세요. 그늘진 곳에서 유모차에 태워 돌아다니시면 아기도 피곤한지 잘 자더라고요. 저희 딸은 11개월인데 아침 점심으로 그늘에서 걸음마해요. 그럼 집에서만 노는 것보다 훨씬 잘 잘더라고요. 예전 〈우리 아이가 달라졌어요〉라는 TV 프로그램에서 잠투정이 심한 아이의 내용 중에 밖에서 놀게 하라는 내용이 있었거든요."라고 자신의 경험을 바탕 삼아 조언하는 글도 있었다.

또 다른 사례로는 만 네 살이 된 민식이를 키우고 있는 엄마의 사연이다.

"만 네 살이 된 아이가 밤에 자기 전에 화장실에 가는데 낮에는 혼자 잘 가다가도 밤에는 거실이 어두우니 꼭 저랑 손을 잡고 같이

가려고 해요. 그동안은 늘 아무 말 없이 손을 잡고 같이 가줬는데 오늘 너무 졸리고 피곤해서 제가 혼자 화장실도 못 가냐고 막 화를 냈어요. 그 고집을 꺾으려고 저도 버티고요. 결국 아이도 울고 난리 치고 저도 화내다가 결국 같이 갔다 왔어요. 아이한테 자기 전에 엄마가 너무 피곤해서 그랬다고, 화내서 미안하다고 했는데 정말 후회돼요."

이런 경우가 참 많다. 머리로는 아이에게 절대로 화를 내고 싶지 않다. 하지만 어느새 나도 모르게 화를 내고 결국 후회하게 된다. 왜 자꾸 이런 악순환이 반복되는 것일까? 훈육을 할 때는 체벌을 하지 않아야 한다. 체벌은 체벌이다. 체벌은 그저 부모가 편하기 위해서 하는 경우가 많다. 처음에는 "이런 상황이니 약속한 대로 네 손바닥을 때릴 거야."라고 상황을 설명하며 이해시키고 체벌을 하겠지만 이와 같은 일이 반복되다 보면 결국 나중에는 "네가 뭘 잘못했는지 알지? 손바닥 대."로 변하게 될 것이다.

윽박지르고 체벌하는 것은 편하다. 아이에게 무서움을 알려주고 아이는 무섭기 때문에 부모 말을 잘 듣는다. 하지만 이건 억압이고 그저 무서움에 아이를 옭아매는 임시 도구일 뿐이다. 아이를 훈육하는 데 있어 해야 할 일과 하지 말아야 할 일들은 아이의 안전을 따지면 쉽게 구분된다. 지금 아이가 하는 행동이 아이의 안전을 위협한다면 하지 못하게 해야 한다. 한 번 하지 못하게 한 행동은 계속 일관성 있게 못 하게 해야 한다. 이렇게 무작정 화내는 것이 아닌, 분명한 규칙 안에서의 훈육은 아이가 규율을 익히고 안전하게 놀이할 수 있도록 울타리가 되어준다.

예를 들어, 아이가 놀이터에서 한창 놀고 있을 때 "선미야, 이제 가자." 하면 아이는 분명 안 가겠다고 한다. 신나게 놀고 있는 와중에 갑자기 집에 가자고 할 때 바로 놀던 것을 포기하는 아이는 별로 없다. 그럼 아이에게 세 번 정도의 여유를 준다. "엄마가 세 번째 말할 때는 그냥 데려갈 거야."라고 미리 말해둔다. 그리고 마지막 세 번째로 말했을 때 과감하게 아이를 들쳐 메고 놀이터를 빠져나와야 한다. 놀이터에서 노는 아이에게 이 상황을 말하지 않는다. 아이에게 설명하는 것은 놀이터를 빠져나온 다음에 한다. 이런 상황은 꽤 오랫동안 반복될 것이다. 하지만 아이가 이 규칙에 익숙해지면 아이는 세 번 안에 행동하게 된다.

또 아이의 안전에 크게 위협이 되지 않는 일은 아이가 하도록 지켜본다. 대신 엄마가 주시하고 있어야 한다. 다른 일을 하다가 나중에 아이에게 사고가 나서야 "그러니까 위험한 놀이 하지 말랬지!"라며 아이를 혼내봐야 소용없다. 특히 밖에서는 아이가 어디로 뛸지 모르기 때문에 눈을 떼지 말고 지켜봐야 한다.

아이는 엄마를 통해 사회를 배운다. 아이는 '아, 내가 이렇게 뒤집어지고 떼를 쓰면 다 들어주는구나'라고 생각하면 밖에서도 이런 방법을 그대로 쓴다. 하지만 아이와 눈을 맞추며 마음을 이해하고, 미안하다 사랑한다 말하면서 안아주고 단호하게 훈육한다면 아이는 또 다른 모습을 보여줄 것이다. 만약 화를 참기 어렵다면 화를 내기 전에 10초만 생각하라. 내가 화를 내고 나서 후회할지 안 할지만 생각해도 달라진다.

단 10초만 생각했을 뿐인데 아이에게 화를 내는 횟수가 훨씬 줄어드는 경험을 할 것이다. 단순한 방법이지만 화를 내고 나서 후회하는 모습을 상상하는 것은 효과가 크다. 치과에 갈 때 아이들이 가기 싫어하는 이유는 치과에 대한 기억이 좋지 않기 때문이다.

화내고 후회하는 엄마가 되지 마라. 항상 후회로 끝내는 하루를 보내지 말아야 한다. 아이는 화낸다고 바뀌지 않는다. 이미 많은 경험들로부터 배우지 않았는가? 화가 날 땐 잠깐 멈추고 자신의 감정부터 다스려라.

## 05 아이를 바라보는 시각을 전환하라

생각을 바꾸면 세상이 변할 것이다.
- 노먼 빈센트 필

"우리가 직면한 중대한 문제들은 그 문제들이 발생할 때 갖고 있던 사고방식으로는 해결할 수 없다."

천재적인 물리학자 아인슈타인의 말이다. 아인슈타인은 실제로 그 시대의 일반적인 시각과 전혀 다른 시각을 통해 다양한 원리들을 발견했다. 그의 업적은 인류의 발전에 큰 공헌을 했다. 만약 아인슈타인이 남과 같은 시각으로 바라보고 생각했다면 과연 그러한 위대한 발견들을 할 수 있었을까?

수많은 위인들은 그 시대의 일반적인 사람들과 다른 시각으로 세상을 보고 문제를 해결했다. 이순신은 배는 지붕이 없다는 그 시대의 상식을 뒤엎고 거북선을 만들어 전쟁을 승리로 이끌었다. 라이트 형제는 사람은 날 수 없다는 인식을 뛰어넘어 비행기를 만들었다. 또 떨어지는 사과를 보고 중력을 발견한 아이작 뉴턴과 화약을 무기로 개발해 나라를 지킨 최무선 등 다양한 위인들은 남들과 다른 시선으로 세상을 바라보았다.

시각은 정말 중요하다. 어떻게 보는가에 따라서 대상의 가치가 달라지기 때문이다. 예를 들어, 강아지를 좋아하는 사람은 강아지를 보면 안아주고 싶어진다. 그러나 어릴 적에 강아지에게 물린 기억이 있는 사람은 강아지만 봐도 무섭고 싫다. 보신탕을 좋아하는 사람은 강아지를 보면 군침이 나온다. 이렇게 강아지라는 같은 존재를 놓고 서로 다른 시각으로 다른 생각을 하게 된다.

제임스 로웰은 "잡초는 변장한 꽃이다."라고 했다. 잡초와 꽃의 차이점은 무엇일까? 우리의 시각 차이일 뿐, 사실 이 둘은 똑같다. 민들레는 데이지나 백일초를 능가하는 노란빛으로 꽃을 피운다. 그리고 마술처럼 하얀 솜털 공이 되어 부드러운 바람과 함께 사라진다. 우리의 아이들도 마찬가지다. 아이들을 어떻게 보는가에 따라 잡초가 될 수 있고 꽃이 될 수도 있다.

우리는 살면서 어떤 해결책도 보이지 않는 막막한 순간에 맞닥뜨린다. 특히 내 아이에 대해서는 그런 순간이 더 많이 온다. '내가 잘하고 있는 걸까?', '혹시 나 때문에 우리 아이가 잘못되면 어떡하지?', '내 무지로 인해 아이의 발달에 문제라도 생기면 어떡하지?', '아이가 이런 행동을 하는 이유를 도저히 모르겠어. 이해할 수 없어. 어떻게 해야 좋을지 모르겠어.' 등 다양한 문제를 겪는다. 하지만 당장 해결책이 안 보인다고 해서 그 문제를 해결할 수 없는 것은 아니다. 그 문제를 보는 시각을 달리하면 해결책이 분명히 보인다. 다만 아직 그 해결책을 못 찾았을 뿐이다.

아이를 바꾸려면 아이를 조금 다른 방식으로 인식하기만 하면 된다. 규환이는 항상 사고를 치는 데 일등이다. 규환이가 사고를 치면 규환이의 엄마는 주위에 사과하러 다니기 바쁘다. 어린이집에서도 말썽을 부려서 선생님들은 규환이를 서로 맡기 싫어했다. 그러나 한 선생님이 규환이를 맡았다. 규환이의 담임선생님은 규환이가 왜 그런 행동을 하는지 관찰했다. 처음에는 규환이의 엉뚱한 행동을 이해하기 어려웠으나, 규환이가 하는 행동의 원인과 과정 그리고 결과까지 차분히 지켜보자 규환이의 그런 행동이 왜 일어나는지 알았다.

엄마는 담임선생님과 상담하는 날 죄인처럼 고개를 숙이며 어쩔 줄 몰라 했다. 규환이로 인해 일어난 여러 사고들 때문에 선생님께 죄송하다는 말만 반복했다. 규환이는 이미 집안과 동네에서 말썽꾸러기, 사고뭉치, 천덕꾸러기 신세였다. 규환이의 어머니도 차분한 동생과 달리 말썽만 피우는 규환이를 힘들어했다.

그런데 담임선생님은 뜻밖의 이야기를 했다. 규환이가 영재인 것 같으니 영재 검사를 받으라는 것이었다. 규환이의 엄마는 항상 사고를 치는 아들 때문에 다른 선생님들께 한 소리 듣던 상담과는 다른 이야기에 얼떨떨했다. 혹시 선생님이 다른 아이와 착각한 건 아닌지, 아니면 그저 듣기 좋으라고 하는 소리인지 당황스러웠다.

그러나 담임선생님은 확고했다. 규환이는 다른 아이들과 달리 사물의 근본적인 원리와 과정, 그리고 그 과정에 도출되는 결과에 관심이 있었다. 그래서 그것을 실험한다는 것이 어른들이 보기에 사고를 치는 것처럼 보인다는 것이다. 마치 에디슨이 어린 시절 부화를 꿈꾸며 달걀을 품었다가 결국 달걀만 상하게 했던 것처럼 말이다. 어른들이 보기에는 엉뚱한 일이지만 규환이의 입장에서는 단순한 장난이 아니라 진지하게 호기심을 해결하는 과정이라는 것이다.

규환이의 엄마는 담임선생님과 상담을 끝내고 규환이와 함께 영재 센터를 방문했다. 그곳에서 높은 지능을 인정받고 영재 수업을 들으며 자랐다. 현재는 일본의 한 연구기관의 연구원으로 지내고 있다.

이 이야기는 나의 어머니가 교사 시절에 겪었던 일이다. 어머니는 아이들을 보는 눈이 남다르셨다. 다른 사람들은 사고뭉치라고 피하는 아이를 사랑으로 보듬고 관찰해 사회에 기여하는 사람으로 훌륭하게 성장시켰다. 그래서 이미 30년 가까이 지난 지금에도 많은 제자들이 찾아와서 인생의 터닝 포인트를 제공해준 어머니에게 감사해하고 있다.

만약 규환이를 사고뭉치로 보고 '저 녀석이 또 사고를 치네', '아휴, 빨리 1년이 지나서 규환이를 안 봤으면 좋겠어!'라고 생각했다면 규환이의 행동 패턴을 알 수 있었을까? 아마 그랬다면 규환이는 계속 사고뭉치 취급을 받으며 그 영민한 머리를 나쁜 일에 사용하는 사람으로 자랐을지도 모른다. 하지만 규환이의 행동을 유심히 관찰하고 그 행동에는 분명히 이유가 있을 것이라는 아이에 대한 믿음과 다른 사람들과 다른 시각으로 규환이를 바라본 덕분에 어머니는 규환이의 인생을 바꿀 수 있었다.

당신은 아이의 어떤 부분을 바라보고 있는가? 다른 아이들에 비해서 공부를 못하는 아이로 보고 있는가. 아니면 행동이 느려서 답답한 아이라고 생각하고 있는가. 거짓말은 하지만 마음이 여려 길고양이를 지나치지 못하는 아이라고 생각하는가.

미켈란젤로의 〈최후의 만찬〉은 천사의 얼굴을 한 예수와 악마의 마음을 가진 유다의 얼굴을 모델로 그린 에피소드로 유명하다. 같은 사람이라도 어떻게 보는가에 따라서 천사의 모델이 되기도 하고 악마의 모델이 되기도 하는 것이다. 아이도 부모가 어떻게 보는가에 따라 천사가 되기도 하고 악마가 되기도 한다. 같은 행동이라도 부모가 보는 시각에 따라 나쁜 행동으로 보이기도 하고 착한 행동으로 보이기도 한다.

아이의 부정적인 행동이 눈에 먼저 띄면 화가 나게 마련이다. 사람은 좋은 것보다 나쁜 것을 빨리 배운다. 아이가 부모의 나쁜 버릇을 똑같이 보일 때는 기분이 나쁠 때도 있다. 그러나 아이의 외면이 아닌 내면을 보기 위해 노력해야 한다.

아이는 2D 캐릭터가 아니다. 부모가 생각하는 것보다 복잡하고 다양한 면을 가졌다. 집에서 다르고, 친구들과 있을 때 다르고, 친척들과 만났을 때 다르다. 어린이집만 가도 아이에 대해 선생님과 엄마의 말이 다를 때도 있다. 이렇게 조금만 달리 봐도 다른 가능성이 많은 아이를 한 가지 단일한 시각으로만 본다면 원석을 보석으로 가공하지 못하는 것이다.

현대는 보이는 것에 치중하고 결과로 말한다. 하지만 내 아이까지 그럴 필요가 있을까? 아이는 아직 성장하는 시기이고 무한한 가능성을 품은 씨앗이다. 부모가 아이를 다른 시선으로 바라볼 때 아이의 새로운 부분들이 보이고 아이의 또 다른 가능성이 시작된다. 아이를 바라보는 시각을 전환하라. 그러면 아이는 자신에게 잠재된 수많은 꿈들을 보여줄 것이다.

## 06 화내는 것도 전략적으로 하라

> 분노와 우행은 나란히 걸으며,
> 회한이 양자의 뒤꿈치를 밟는다.
> – B. 프랭클린

"아이가 자꾸 손을 코에 대고 만져요. 아무래도 틱 현상 같아요."

"민준이가 언제부터 이런 행동을 했나요? 원인이 뭐라고 생각하시나요? 혹시 민준이에게 화를 내거나 혼을 내진 않았나요?"

민준이 엄마와의 대화다. 민준이 엄마는 아이를 자주 윽박지르고 혼을 냈다고 했다. 대부분의 엄마들이 가장 많이 하는 실수다. 엄마들은 아이의 잘못된 습관을 고쳐주려고 할 때 처음에는 인내심을 갖고 말한다. 하지만 시간을 흐를수록 자신도 모르게 화를 내게 된다. 그러나 아이에게 화를 낸다고 아이의 행동이 많이 변했는가. 보통 하루를 넘기지 못하고 아이는 잘못된 행동을 다시 반복한다. 그러면 엄마는 또 혼을 낸다.

과연 이러한 상황들은 무엇을 의미할까? 덮어놓고 화만 내는 것은 의미가 없다는 뜻이다. 자신의 감정에 치우쳐서 화를 내다 보면 말이 길어진다. 아이가 어제 잘못했던 일, 일주일 전에 똑같은 잘못을 해서 혼났던 일까지 다 끄집어내어 일장 연설을 하게 되는 것이다. 아이의 집중력은 짧다. 그리고 아이의 뇌는 공과 같아서 금세 다른 자극으로 주의가 분산된다.

아이는 자신의 잘못을 인정하겠지만 엄마의 말이 길어지면 금세 잊는다. 그리고 자신이 재미있어 하는 일에 빠져 엄마의 잔소리는 귀에 들리지 않는다. 바로 학교에서 교장선생님의 훈화 말씀을 들을 때나 어려운 수학 문제를 풀 때와 비슷하다. 이걸 왜 들어야 하는지 그 의미마저 없어져서 아이를 혼내는 것은 결국 단순한 엄마의 잔소리와 푸념이 될 뿐이다. 그 푸념조차 오늘 먹을 간식 생각으로 사라져 오늘 무슨 말을 들었는지 기억도 하지 못 한다.

아이의 똑같은 행동에 각각 다르게 반응하는 부모를 살펴보자. 동원이의 엄마는 아이가 컵을 깨뜨리자 일장 연설을 늘어놓는다.

"아니, 너는 엄마가 컵을 두 손으로 들라고 했어, 안 했어? 도무지 말을 듣질 않으니…… 지난번에도 그릇 깨먹었지! 컵이나 그릇을 들고 있을 때는 장난치지 말고 주의하라고 했잖아. 아휴, 누굴 닮았는지…… 너도 아빠랑 똑같아. 이거 누가 사 올 거야? 이것도 다 돈이야. 안 그래도 적자인데 잘했다. 잘했어."

동원이는 엄마의 이야기 중 4분의 1만 기억한다. 나머지는 애초에 귀에 들어오지 않는다. 이미 동원이의 머릿속은 친구들과 딱지치기를 하거나 공놀이를 했던 일들로 가득 차 있다. 이번에는 상철이의 엄마를 살펴보자. 상철이가 컵을 깨뜨리자 상철이의 엄마는 우선 상철이의 놀란 마음을 공감하며 컵을 치웠다. 그 후 짧고 간결하게 말했다.

"상철아 괜찮니? 많이 놀랐겠구나. 엄마가 컵은 치울 테니 저기에 가서 앉아 있으렴."

깨진 컵을 모두 치운 엄마는 "상철아, 컵은 무겁고 미끄러우니까 꼭 두 손으로 잡아야 해. 앞으로는 컵을 들고 있을 때 조심하자. 알았지?"라고 말했다. 그리고 반성하는 아이의 대답을 듣고는 더 이상 깨진 컵에 대해 언급하지 않았다. 이 중에서 당신은 어떤 말이 기억에 남는가? 동원이 엄마의 말인가 상철이 엄마의 말인가?

동원이의 엄마는 컵을 깬 동원이의 이야기를 시작으로 아빠 이야기로 넘어갔다. 그리고 엄마를 힘들게 한 것에 대한 원망을 거쳐

돈에 관한 이야기로 끝을 맺었다. 사람들은 중간에 한 말은 잘 기억하지 못한다. 주로 첫 문장과 마지막 문장을 기억한다. 그래서 작가들은 첫 문장과 마지막 문장에 심혈을 기울이고 대통령 연설이나 광고도 처음과 끝에 힘을 주기 위해 고민한다.

아이들도 처음과 끝을 위주로 기억하기에 엄마의 말이 길어지면 도대체 무슨 말인지 알 수가 없다. 그래서 짧고 간결하게 말해야 하는 것이다. 그래야 아이는 '아, 내가 잘못했구나'라고 기억한다. 안 그러면 단순히 '엄마가 오늘도 잔소리를 하는구나. 언제 끝나나' 하게 된다.

인터넷에 벽지와 바닥재 사진과 함께 '누구나 한 번쯤 겪은 일'이라는 게시글이 올라왔다. 글쓴이는 "엄마의 잔소리가 길어질 땐 벽이랑 바닥에 있는 무늬를 분석한다."라고 말했다. 거기에 대한 댓글들의 반응은 폭발적이었다. 대부분 "진짜 공감한다. 나도 바닥 무늬를 보면서 엄마의 잔소리가 끝나길 기다린다.", "난 바닥에서 열 번째 무늬를 발견했을 때쯤 부모님의 잔소리가 끝난다는 것을 알았다.", "벽지 무늬랑 바닥 무늬는 부모님의 잔소리를 들을 때 보는 게 가장 좋다."라는 댓글들이 많았다.

무엇을 의미하는 것일까? 아이들은 길게 말해봤자 귀담아듣지 않는다는 것이다. 그런데도 아직 많은 부모들이 아이의 행동이 바뀌길 바라는 마음에 길게 말한다. 그러고 나서 "우리 애는 아무리 말해도 효과가 없어.", "도대체 무슨 생각을 하는지 원, 말하는데 흐리멍덩한 눈을 해가지고, 쯧."이라며 아이를 보며 한숨을 쉰다.

이건 잘못된 방법이다. 아이가 바뀌길 원한다면 화내는 방법을 바꿔야 한다. 필요한 말만 간결하고 단호하게 말해야 한다. 큰 소리로 말할 필요도 없다. 강하고 단순한 말이 아이에게는 먹힌다. 아이들은 기본적으로 복잡한 것은 이해하기 어려워한다. 그러니 아이의 눈높이에 맞게 화를 내야 한다. 아이들은 친구들에게 화낼 때 간결하게 말한다.

"싫어! 내가 할 거야!"
"네가 내 인형 가져갔잖아! 미워!"

아이들의 말은 간결하면서 명확하다. 그리고 짧은 문장 안에 자신이 화가 난 이유와 자신의 감정을 분명하게 표현한다. 훈육의 마지막에는 부모가 정말 화가 난 상태라면 어느 정도 시간적 간격을 둔다. 그리고 부모가 아이를 혼내는 것은 아이가 싫어서가 아니라 바르게 자라길 원하는 마음에 그랬다는 것을 이야기해야 한다. 일정 나이가 지나면 그런 말을 가식처럼 듣거나 건성으로 듣기도 하지만 그래도 말해주는 것이 안 하는 것보다 낫다. 아이는 안 듣는 척해도 기억한다. 그러나 형식적으로 말해서도 안 된다. 아이는 다 느끼기 때문이다.

아이가 위험한 행동을 했을 때는 짧게 말하고, 그 행동을 예방하는 방법까지 이야기한다. 그리고 위험한 행동을 했을 때 생기는 일에 대해 옛날이야기를 해주듯이 설명하고 이해시키는 것이 효과적이다. 당장 길게 설명해봤자 아이는 그 말을 받아들일 준비가 되어 있지 않다. 때로는 짧고 강하게 비난하는 말을 하는 부모들이 있다. 아이의 행동을 수정하고자 하는 마음과 내가 받은 자존심의 상처를 아이에게 전가시키는 이중적인 모습이 표현된 것이다. 상호의 어머니는 상호가 길거리에서 떼를 쓰며 울었을 때 집에 와서 "다시는 너를 데리고 마트에 가나 봐라.", "넌 구제 불능이야."라고 말했다. 상호의 어머니는 길거리에서 당한 수치와 통제되지 않는 아이에 대한 당혹감과 좌절감을 그 말에 함께 내포해 이야기한 것이다. 이런 말은 아이의 행동을 수정하기보다는 아이가 상처를 받고 끝날 뿐이다. 아마 다음에는 이번에 받은 상처까지 더해져서 더욱 크게 떼를 쓸 확률이 높다.

《엄마는 아들을 너무 모른다》의 저자인 창랑과 위안샤오메이는 아이가 말을 안 들으면 부모가 받는 상처가 크다고 말한다. 그리고 상처 받은 엄마는 "이 바보야! 내가 너 같은 녀석을 왜 낳았는지 모르겠다.", "누구를 닮아서 그렇게 한심하니? 원숭이도 너보다는 낫겠다." 등의 말로 자신이 받은 상처를 다시 아이에게 가한다. 이렇게 하고 나면 엄마의 기분은 풀리겠지만 아이는 그로 인한 모멸감이 그대로 쌓이면서 속으로 곪는다. 부모에게 마음을 닫는 아이는 대부분 이렇게 만들어진다.

엄마가 부정적인 기분을 담아 하는 말은 훈육이 아니라 화풀이다. 물론 엄마도 사람이고 때로는 실수를 할 때도 있다. 하지만 무작정 자신의 기분을 담아 화를 내는 것은 나중에 더욱 큰 결과를 초래할 위험이 있다는 것을 기억해야 한다. 아이는 지금은 힘이 없어서 그러한 것을 받아들이지만 나중에 더 힘이 생기면 부모에게 반항하게 된다. 그때 가서 후회하지 말고 지금부터 화를 낼 때도 어떻게 화를 낼지 생각하면서 화를 내야 한다.

이제는 아이를 키우는 일에도 전략이 필요한 시대다. 아이를 향한 사랑이 아무리 커도 방식이 잘못되었다면 내가 사랑하는 아이는 엄마의 예상과 다른 삶을 살게 될 것이다. 아이를 위해 효과적으로 행동을 수정시켜주고 싶다면 화내는 것도 전략적으로 하라.

## 07 힘이 들 때 아이를 안아줘라

먼저 안아줘보세요. 나무든 사람이든 먼저 안아주면
그도 나를 따뜻하게 안아줄 것입니다.
- 도종환

어느 날 인터넷 커뮤니티사이트에 사진 한 장이 올라왔다. 작은 아기가 다른 아기를 안아주는 사진이었다. 처음에는 이것이 무슨 사진인가 했다. 그런데 이 사진에는 사연이 있었다.

사진 속 쌍둥이 중 한 아기가 몸이 약하게 태어나 인큐베이터에서 생사를 오가고 있었다. 그런데 이를 안타깝게 본 간호사가 다른 쌍둥이 아기를 같은 침대에 눕혔다. 그러자 신기하게도 한 아기의 팔이 아픈 아이를 안아주는 듯한 자세를 취했고 병약한 아기의 심장이 다시 뛰며 건강해졌다. 생명이란 정말 놀라운 것이다.

주먹만 한 아기가 다른 생명을 살리기 위해 손을 뻗는 모습은 많은 사람들을 감동시켰다. 아직 눈도 채 뜨지 못해서 아무것도 안 보이는 아기가 어떻게 다른 쌍둥이 형제를 살릴 수 있었던 것일까. 현대의학으로도 설명이 어렵다고 한다. 누군가를 안아주는 것은 죽어가던 생명을 살릴 정도로 거대한 힘이 있는 것이다.

포옹의 힘은 '프리허그'에서도 볼 수 있다. '프리허그'를 하는 사람들이 올린 소감문을 보면 포옹의 힘이 얼마나 큰지 알 수 있다. 많은 사람들이 "저는 추운 겨울에 몸과 마음이 지치고 차가워진 사람들에게 힘을 나눠주고 싶어서 시작했어요. 그런데 도리어 프리허그를 하면서 다른 사람에게서 힘을 얻게 되었어요.", "프리허그를 하면서 많은 분들이 처음에는 쑥스러워하세요. 프리허그를 한다는 표지판을 보고도 한동안은 구경만 하지요. 그런데 일단 한 명이 포옹을 하기 시작하면 그다음부터는 계속 다가오죠.", "프리허그를 하면서 가장 기뻤던 순간은 '고맙다'는 말을 들었을 때예요. 단순히 안아드렸을 뿐인데 많은 분들이 고맙다고 하세요.", "재수를 시작하는 학생, 기러기 아빠, 엄마가 아픈 청년, 취업준비생 등 많은 사람들이 다가와 서로 안으며 체온을 나눠요. 그러고 나면 힘이 난다는 말을 많이 해요." 등 포옹을 통한 따뜻한 교류가 얼마나 큰 힘을 내는지에 관한 글을 올렸다.

프리허그를 경험한 사람 모두가 서로에게 기운을 얻고 감동을 받으며 힘을 나누는 것이다.

나 역시 포옹의 힘을 경험했다. 나는 초임 교사 시절 현장에 적응하는 것이 힘들었다. 학생 때 배운 이론과 현실의 괴리감은 생각보다 컸다. 실습생 때 지도교사의 지도 아래 안전한 한계선을 지키면서도 그 안에서 자유롭게 활동하는 아이들을 보면서 나의 미래를 상상했다.

교실에 천사 같은 아이들과 웃음만 가득할 것 같았지만 현실은 그렇지 않았다. 아이들에게 좋은 선생님이 되고 싶다는 꿈은 깨지고 초임 교사에 대한 학부모들의 불신과 싸우기 바빴다.

또 내 마음 같지 않은 아이들과 씨름하면서 이 길이 내 길이 맞는 건지 회의감도 들었다. 그리고 내가 지금 잘하고 있는 건지 걱정이 들어 밤을 지새웠다.

특히 다른 것보다도 나를 힘들게 했던 것은 내가 맡은 아이들에 대한 미안함이었다. 나 같은 초임 선생님을 만나서 아이들이 고생하는 것 같았기 때문이었다. 아이들에게 이 시기가 얼마나 중요한지 알고 있었기 때문에 더욱 미안했다.

아이들에게 어떻게 해줘야 좋을지 전공 서적도 다시 한 번 찾아보고, 다양한 연수에 참석해 강의도 들었다. 경력이 많은 선생님들에게 물어보기도 하면서 하루하루를 보냈다.

그러던 어느 날 기억에 남는 일이 생겼다. 가끔 너무 힘든 날은 남몰래 교실 구석에 숨어서 울고는 했다. 그런데 그날 하필이면 늦게까지 남아 있던 우리 반 최고 말썽꾸러기가 야간통합보육교실에 있다가 내가 보고 싶다며 교실로 돌아온 것이다.

그날도 몰래 숨죽여 울다가 아이가 들어와서 "선생님, 울어요? 왜 울어요?"라고 말하는데 나도 모르게 그 아이를 안고 엉엉 울어 버렸다. 아이는 아직 어리지만 나의 표정을 보고 뭔가를 느꼈는지 얌전하게 안겨서 나의 눈물이 그칠 때까지 곁에 있어 주었다.

그 후 아이의 행동에 변화가 생겼다. 평소에 거친 말을 하고 친구들과도 자주 몸싸움을 벌이던 아이였는데 조금씩 변하기 시작한 것이었다. 아이의 변화는 나에게도 변화를 불러일으켰다.

아직 초임이기에 아이들을 이론대로 가르치려 했고, 아이들의 마음보다는 수업하기에 급급했던 내가 마음으로 다가가면 변화한다는 사실을 깨달은 것이다. 그래서 나는 좀 더 아이들에게 가슴으로 다가가려고 노력하게 되었다.

내게 아이들은 교육의 대상이고 돌보아야 하는 존재였다. 그러나 내가 먼저 아이들과 마음으로 대화하려고 하자 아이들 또한 변화하기 시작했다.

아이들을 틀에 맞추기보다는 아이 자체를 보려 했고, 내가 힘들다고 포기하는 것이 아닌, 아이와 함께 나아가려고 했다. 그리고 그러한 변화는 반 전체로 번졌다. 전체적으로 남자아이들이 많았기 때문에 교실은 항상 시끄러웠다.

그런데 우리 반은 어느새 아이들의 몸싸움과 큰소리 치며 돌아다니는 게 줄어들고 안정적으로 변화했다. 그것은 내가 교사로서 처음으로 경험한 것들이었다.

그 경험은 후에 아이들에게 더 다가가기 위해 노력할 수 있는 원동력이 되었다.

나는 지금도 그 아이를 잊지 못한다. 지금쯤 초등학생이 되어 놀이터에서 신나게 뛰어놀고 있을 아이에게 고맙고 보고 싶다는 말을 전하고 싶다. 세상에는 어린아이에게도 배울 것이 있다.

아이도 감정을 안다. 슬픔, 기쁨, 아픔…… 그 당시 아이도 나의 감정을 어렴풋이나마 느꼈을 것이다. 가슴으로 느낀 감정은 긴 여운을 남기고 아이의 마음속 깊이 와 닿는다. 때로는 백 마디 말보다 한 가지 행동이 아이의 영혼에 스며들어 스스로 변화를 일으킨다.

《오늘 내가 살아갈 이유》의 저자 위지안은 서른 살에 세계 100대 대학의 교수가 되었다. 그리고 명문대 교수인 남편이 있었다. 거기에 눈에 넣어도 안 아플 아이까지 있는, 누가 봐도 성공한 여성이었다. 그러나 그녀는 갑작스럽게 암 선고를 받았고 그동안 진행하던 많은 연구와 프로젝트를 내려놓았다.

그녀는 병원에서 치료를 받으며 자신의 아이와 오랜만에 만났다. 자신이 낳은 아이지만 암으로 아프기 전까지 시댁에 아이를 맡겨 놓고 얼굴 한 번 볼 시간도 없었던 것이다.

그녀는 병원에서 아이를 안고 울었다. 지독하게 아픈 항암치료에도 눈물 한 방울 흘리지 않았던 그녀가 아이와 포옹을 하는 순간 눈물을 흘린 것이다.

혹시 해님과 구름이 지나가는 나그네를 두고 내기를 한 동화를 기억하는가? 해님과 구름은 서로 자신이 더 세다고 우겼다. 그러나 말로는 결판이 나지 않았고 그때 지나가던 나그네를 발견하고는 누가 나그네의 외투를 벗기는지 내기를 했다.

나그네의 외투를 벗기는 쪽이 더 강하다는 것을 인정하는 내기였다. 그 내기에서 해님은 따뜻한 햇볕을 내리쬐었고, 구름은 아주 강한 바람을 일으켰다. 내기의 결과는 해님의 승리였다.

구름의 강한 바람에 나그네는 옷깃을 더욱 단단히 여몄지만, 해님의 햇볕이 내리쬐자 나그네는 땀을 흘리며 스스로 외투를 벗었다.

포옹은 따뜻한 햇살과 같다. 구름의 강한 바람보다도 강한 것이 따뜻함이다. 사람은 따뜻함으로 인해 마음의 빗장을 풀게 된다. 지독한 항암치료에도 굴하지 않았던 위지안의 마음 또한 아이의 따뜻한 포옹에 녹아내렸다.

만약 위지안에게 더욱 강력하고 훨씬 아픈 항암치료를 한다고 해도 아이와의 포옹만큼의 위력은 없을 것이다. 그만큼 포옹의 위력은 강하다.

엄마도 아이와 시간을 보내면서 힘들 때가 있다. 아이가 말을 안 듣고 고집부리며 엄마를 힘들게 한다면 아이를 안아줘라. 그때 아이는 엄마의 따뜻한 품속에 안겨서 엄마의 감정으로 숨을 쉬게 된다. 힘이 들 때 아이를 안아주고 나면 서서히 변화하는 아이를 볼 수 있다.

Chapter 4

# 답답한 아이와
# 불안한 엄마를 위한
# 마음 처방전

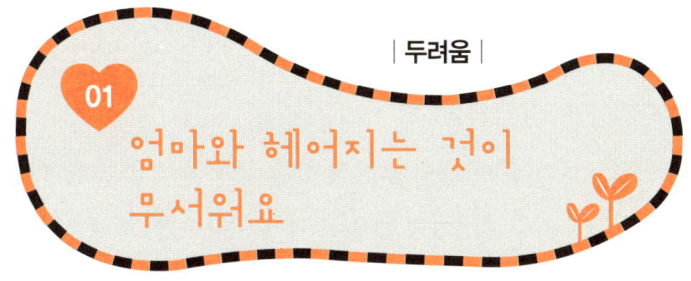

| 두려움 |

## 01 엄마와 헤어지는 것이 무서워요

작별 인사에 낙담하지 마라.
재회에 앞서 작별은 필요하다.
- 리처드 바크

"만 2세 남자아이인데 맞벌이라 어린이집에 보냈어요. 그런데 아이가 새벽마다 일어나서 울어요. 어린이집에 보내기 전엔 안 그랬는데…… 어린이집에서는 아이가 오전엔 울다가도 오후엔 잘 논다고 하는데 어떻게 해야 할까요?"

아이는 지금 어린이집에 가기 싫다고 울며 자기 의사를 표현하는 것이다. 조금 더 지켜보면서 아이가 무엇 때문에 불편해하는지 살펴서 문제를 해결해주어야 한다. 어린이집 선생님과 면담을 해보면 아이가 왜 힘들어하는지 파악하기 쉽다. 엄마와 떨어질 때만 운다면 분리불안은 아니다. 다만 아이가 낯선 곳에 적응하기 위한 과정으로 여기며 기다려줘야 한다.

아이가 어린이집을 재미있는 곳으로 느껴야 가고 싶은 마음이 생긴다. 어린이집에 보내기 전에 아이에게 미리 마음의 준비를 시켜주는 것도 좋다. 어린이집에 대해서 이것저것 재미난 일, 새롭게 경험하게 될 일을 이야기해주면서 친구들과 놀 수도 있고, 여러 가지 새로운 장난감도 많이 있다고 기대감을 주면 좋다. 미리 엄마와 떨어지는 연습도 해야 한다. 주변 사람들에게 아이를 짧은 시간 동안 맡겨보는 등 엄마와 떨어지는 훈련을 하면 어린이집에서 엄마와 헤어질 때 도움이 된다. 잠깐 할머니 집에 가서 놀고 오면서 엄마와 떨어지는 훈련을 하는 것도 좋다.

아직 어린 나이니 새로운 환경에 적응하는 데 시간이 필요하다. 처음엔 엄마와 함께 가서 있고, 그다음엔 엄마가 밖에서 기다리면서 아이가 혼자 생활하도록 도와주어야 한다. 점점 시간을 늘려가면서 엄마와 떨어지는 연습을 하라. 그러다가도 아이가 울며 힘들어하면 바로 데리고 오는 것이 좋다. 그렇게 이 보 전진 일 보 후퇴하는 과정을 겪으며 아이도 서서히 적응할 것이다.

어린이집이나 유치원 같은 유아교육기관에 가기에 적절한 시기와 적응 정도는 아이의 발달에 따라 다르다. 어떤 아이는 아주 어릴 때부터 쉽게 선생님을 잘 따르고, 친구들과 잘 지낸다. 그러나 어떤 아이는 일곱 살이 되어서도 엄마 옆에 있겠다며 떼를 쓰기도 한다.

보통 아이마다 편차가 있지만 36개월 정도가 되면 엄마와 떨어져서 유아교육기관에 갈 수 있다. 그 이전의 아이가 엄마와 함께 있고 싶어 하고, 엄마와 떨어지기 싫어하는 것은 당연한 것이다.

여러 TV 프로그램에서 활약하고 있는 신의진 교수는 자신의 저서 《신의진의 아이심리백과》에서 세 돌이 지났는데도 아이가 유치원에 가기 싫어한다면 다른 원인이 있는지 살펴볼 필요가 있다고 말했다. 먼저 분리불안을 겪는 시기에 문제가 있진 않았는지 생각해야 한다. 이 시기에 엄마가 아이의 사회성을 기르겠다며 또래와 노는 것을 강요하면 안 된다. 아이가 받아들일 준비가 되어 있지 않다면 결국 아이의 불안감만 커진다. 그러면 아이는 유치원에 가는 것을 엄마와 이별하는 것으로 받아들여 완고하게 가지 않겠다고 버티게 되는 것이다.

이외에도 예전에 유아교육기관에 아이를 보내려고 했으나 아이가 적응하지 못하고 결국 실패한 경험이 있다면, 아이는 그것이 원인이 되어 힘들어할 수 있다. 자라 보고 놀란 가슴, 솥뚜껑 보고 놀란다고 했다. 특히 아직 한 살도 되지 않은 어린 나이에 다른 사람들과 오랜 시간을 보내야 하는 것에 적응하지 못했다면 그때보다 많이 자란 상태이더라도 엄마와 헤어지지 못하고 유아교육기관에 가는 것을 꺼리게 된다.

나이가 6~7세 정도가 되었는데 엄마와 헤어져서 유아교육기관에 가기 싫어한다면 그 원인은 또래에 있을 가능성이 높다. 이 시기에는 또래의 영향을 많이 받는다. 사이가 안 좋은 친구가 있거나 친구로 인해 기분이 상한 경우 마음이 편한 엄마와 같이 있고 싶어 한다. 그럴 때는 선생님과 충분히 상담해 또래 친구들과 생긴 문제나 오해, 또는 서로의 상한 마음을 풀어주어 아이가 친구로 인해 닫았던 마음을 열도록 해야 한다. 일곱 살이나 되었는데도 아직 아기로 보고 "우리 애가 마음이 여리고 착해서 그래요." 하며 감싸기만 하는 부모도 있다. 이런 태도는 근본적인 해결책이 되지 않는다. 그 시기의 아이에게 친구가 얼마나 소중한지 알고, 서로 잘 지낼 수 있도록 부모로서 아이와 친구의 마음을 함께 이해하고 다독여줘야 한다. 그래야 비로소 아이는 자신과 친구의 상황을 이해하고 무거운 마음을 내려놓는다. 그때서야 편안한 마음으로 엄마와 헤어지며 친구들이 있는 곳으로 가볍게 발걸음을 옮기게 된다.

때로는 신체적인 부분으로 인해 아이가 엄마와 헤어져서 유아교육기관에 가지 않으려고 하기도 한다. 아침에 피곤하면 어른도 회사에 가기 싫다. 그러니 밤에 잘 재워야 한다. 울다 지쳐 잠이 드는 것이 아니라 편안하고 행복하게 잠들게 해야 한다. 아이를 유아교육기관에 보낼 때는 엄마와 기분 좋게 헤어질 수 있도록 유도한다. 당분간 아이가 좋아하는 음식이나 장난감을 가져갈 수 있도록 선생님께 미리 양해를 구하는 것도 좋다. 헤어질 때마다 엄마를 다시 만날 수 있다는 믿음을 줘야 한다. 아이가 유아교육기관에서 잘 지내고 온 날은 대견하다고 칭찬해준다.

아이가 한 달 넘게 이런 적응기를 거쳤는데도 여전히 불안해한다면 아직은 부모와 떨어질 준비가 안 된 것이다. 가능하다면 부모와 더 오랜 시간을 지내면서 애착이 잘 형성되도록 하고, 다음 기회에 보내는 것이 좋다. 애착 형성이 잘되어야 엄마와 떨어질 수 있으니 아이가 적응하기까지는 최대한 많은 스킨십을 하고 애정을 갖고 돌봐주는 것이 좋다. 만약 상황이 여의치 않다면 아이가 힘들어할 것을 미리 예상하고 마음을 다잡아야 한다.

아이는 생후 6~7개월이 되면 엄마를 알아보고 엄마에게서 심리적인 안정을 찾으려고 한다. 그래서 다른 것을 탐험하다가도 곧바로 엄마를 다시 찾는다. 이렇게 엄마와 떨어지는 것에 대해 불안을 느껴 잠시도 떨어지지 않으려고 하는 것을 분리불안이라고 한다. 분리불안은 생후 7~8개월경에 시작해 14~15개월에 가장 강해지고 3세까지 지속된다. 분리불안이 심할 때는 엄마가 화장실에만 가도 아이가 운다. 이럴 경우 아이와 함께 화장실에 들어가거나 문을 열어 놓아야 하기도 한다. 맞벌이 엄마의 경우 아침마다 아이와 떨어지는 전쟁을 치르는 것도 힘들다. 이럴 때 엄마는 힘도 들고 짜증이 나서 아이에게 화를 내거나 강제로 떼어 놓게 된다. 그러나 이 방법은 아무 효과가 없다. 불안하게 애착이 형성되어 있거나 엄마가 불안해서 아이를 떼어 놓지 못하는 경우 만 3세가 넘어서도 낯가림을 하게 된다. 만약 아이가 엄마와 떨어지지 않으려고 하면 이를 극복하기 위한 엄마의 노력이 필요하다.

선서 엄마는 아이가 원할 때 언제나 피난처가 되어주고 위로를 구하는 대상이 되어야 한다. 엄마에게 신뢰가 생길 때 아이는 새로운 것을 향해 나아갈 용기를 갖는다. 아이에게 엄마가 믿을 만한 보호자라는 믿음을 준다. 그리고 출근할 때 아이가 운다고 몰래 빠져나가면 불안만 더 키울 뿐이다. 아이에게 일정한 시간에 헤어지고 일정한 시간에 돌아온다는 것을 인식시키도록 한다. 처음에는 힘들어도 매일 반복하다 보면 아이도 기다리면 엄마가 온다는 것을 알게 된다.

　아이의 낯가림이 오래가지 않도록 친척이나 이웃 사람들과 자주 접하게 한다. 또래 아이들과도 어울릴 수 있는 기회를 마련한다. 애착이 엄마하고만 생기는 것은 아니므로 할아버지, 할머니, 이모 등 가까운 사람들과도 같이 있는 시간을 자주 갖는다.

　만 3세가 되어도 분리불안이 계속되는 아이들이 있다. 이때는 놀이터에 보내는 등 또래 집단과 어울리도록 해야 한다. 아이들은 또래 집단에서의 다툼과 의견 대립을 스스로 해결해가는 과정에서 의사소통 능력, 자제력, 판단력 등 사회성 발달의 기본을 익히기 때문이다. 엄마가 일일이 간섭하지 않고 아이 스스로 문제를 해결할 수 있게 해야 한다.

　이렇게 해도 아이가 유난히 엄마와의 짧은 이별을 못 견뎌 한다면 이는 아이와 엄마 사이에 신뢰감이 있는 애착 관계를 형성하지 못했기 때문이다. 아이의 입장에서는 눈앞에서 사라진 엄마가 곧 돌아온다는 믿음을 갖지 못했기 때문에 불안해하는 것이다. 이럴 때 아이가 불안을 느끼지 않도록 더 자주 안아주고 사랑한다고 말해주자. 아이와의 잦은 스킨십은 아이의 애착 형성에 도움이 된다. 아이의 내면에 엄마에 대한 믿음과 사랑이 가득 찼을 때 아이의 불안도 사라질 것이다.

| 두려움 |

## 침대 밑에 괴물이 있어요

두려움은 환상이다.
– 마이클 조던

"침대 밑에 괴물이 숨어 있어요."

혁민이의 말을 듣자 예전에 떠돌던 괴담이 생각났다. 별 생각 없이 침대에 누워서 이상한 느낌에 침대 밑을 보니 칼을 들고 있는 살인자가 있었다는 이야기다. 그리고 침대 밑에 숨어 있는 귀신이 침대 밖으로 나온 다리를 잘라 간다는 이야기, 이불을 덮고 있었더니 이불 안으로 귀신이 들어왔다는 이야기, 잠결에 느낌이 이상해 고개를 옆으로 돌렸더니 침대 밑에서 귀신이 서서히 올라와서 섬뜩한 눈빛으로 쳐다본 이야기 등이다.

많은 공포영화와 소설들로 인해 지어진 괴담들은 여러 가지가 있다. 지금 생각하면 참 별것도 아닌 이야기들인데 어릴 때는 그 이야기가 무서웠다. 나는 처음 혁민이에게 이 이야기를 들었을 때, 혁민이의 '침대 밑 괴물'이 이러한 괴담과 비슷하다고 생각했다. 처음에는 혁민이에게 혹시 침대 밑에 괴물이 있다고 누군가에게 들은 것인지 물어보았다. 그랬더니 혁민이는 아니라고 했다. 그리고 자신이 침대 밑에서 괴물을 봤다고 말했다. 혁민이는 정말 침대 밑에 괴물이 숨어서 엄마가 방에서 나가면 자신을 잡아먹으려고 한다고 말했다. 그래서 괴물이 자신을 잡아먹지 못하게 엄마와 같이 있으려고 했는데 엄마는 자꾸 자라고 해서 속상하다고 말했다.

아이의 거짓말은 잠을 자기 싫은 마음을 표현한 것이다. 그리고 아이들은 상상과 현실을 아직 구분하지 못한다. 자신이 상상한 것이 정말 일어난 일처럼 느껴질 수 있다. 아이들은 잠을 자기 싫은데 잠을 자야 할 때면 침대에 눕지 않으려고 이리저리 꾀를 낸다. 그래서 아이가 떠올린 건 침대 밑에 괴물이 있다는 것이다. 처음에는 상상이나 거짓말이었어도 어느새 스스로도 그 말을 믿게 되고 진실로 받아들여서 말하기도 한다. 그래서 아이 입장에서는 거짓말이 아닌 진실을 이야기하는 것이다. 그런데 부모는 "그런 건 없어."라고 일축하거나 "무슨 말도 안 되는 소리야."라고 야단을 친다. 또 "괴물 같은 건 없어. 꿈꿨니?"라고 말하며 무시하면 오히려 아이의 불안감을 키울 수 있다. 그럴 때 아이는 부모가 자신을 지켜주는 존재가 아니라 더 민 존재로 느끼게 된다. 그래서 스스로 자신의 안전에 대해 불안감을 느끼게 되고 불안은 깊어진다.

이런 상황에서 부모는 아이에게 "괴물은 함부로 나타나지 않을 거야.", "집에는 엄마도 있고 아빠도 있어서 괴물이 무서워서 숨어 있을 거야. 그러니까 걱정하지 말고 침대에 누워도 된단다."라고 이야기하며 아이를 다독여주는 것이 좋다.

만약 이 정도로 아이가 안심하지 못한다면 잠을 자는 아이에 관한 동화책을 꾸준히 읽어주고 아이와 같이 침대 밑을 확인해보는 것도 좋다. 요즘에는 잠들지 못하는 아이에 관한 동화책이 많이 나와 있다. 동화책을 읽으면서 잠들지 못하는 주인공에게 감정이입이 되었다가 어느새 주인공과 함께 잠드는 아이를 발견하게 될 것이다.

침대 밑을 확인할 때는 방의 불을 다 켜 놓는다. 그리고 밝은 손전등과 긴 막대기를 준비해 부모만 든다. 부모만 긴 막대기와 손전등을 드는 이유는 아이와 부모 모두 긴 막대기와 손전등을 들게 되면 칼싸움 놀이가 될 확률이 크기 때문이다. 칼싸움은 아이를 흥분시키고 잠들기 어려운 상황을 만든다. 그렇게 흥분한 아이는 흥분을 가라앉히고 다시 잠들기까지 오랜 시간이 걸리기 때문에 부모만 손전등과 긴 막대기를 들고 침대 밑을 확인해야 한다. 아이가 자신이 확인하고 싶어 한다면 아이의 손에 손전등이나 긴 막대기 중 하나만 들게 하는 것이 좋다. 이렇게 부모와 함께 확인을 한 아이는 침대 밑에 괴물이 없다는 것을 확신하게 된다. 그리고 부모가 자신의 말을 믿고 함께 괴물을 확인했다는 사실로 인해 '우리 엄마, 아빠는 내 편'이라는 신뢰감이 쌓이게 된다.

재치 있는 부모라면 마치 피터 팬이 된 듯이 흉내를 내며 "여기에 악어가 있는지 볼까? 아마 후크 선장이 여기에 악어를 몰래 숨겨 둔 것 같아. 그 악어가 괴물처럼 보였나 봐!"라고 말하며 침대 밑을 긴 막대기나 빗자루로 확인한다. 마치 피터 팬이 싸우는 것처럼 막대기나 빗자루를 신나게 휘두르고 나서 "이제 악어 괴물을 물리쳤으니 안심해도 좋아. 우리 혁민이가 잠들 때까지 악어 괴물이 다시 다가오지 못하도록 지켜줄게."라고 말한다. 곧 아이는 즐거운 감정과 안심하는 마음이 함께 들면서 잠을 잘 자게 될 것이다. 이때 긴 막대기를 휘두르고 나서 부모가 흥분하고 있으면 아이도 같이 흥분하게 되어 잠을 못 잘 수 있다. 적당히 휘두르고 난 다음에는 차분한 어조로 신뢰감 있게 말하는 것이 좋다. "우리 혁민이가 잠들 때까지 엄마는 옆에 꼭 있을 거야."라는 믿음을 주는 것이다. 만약 아이가 잠들기 전에 나가버린다면 부모에 대한 아이의 신뢰는 떨어지고 불안이 증가할 것이다. 만약 계속 옆에 있기 힘들다면 아이가 좋아하는 인형을 같이 놓아두거나 아이가 굉장히 힘이 세다고 믿는 로봇을 침대 옆에 놓는다. 그리고 "우리 혁민이가 자는 동안 이 로봇이 혁민이를 지켜줄 거야."라고 말하며 안심시킨다.

어두운 것 자체에 대해 불안을 가지고 있는 아이라면 침대 옆에

예약 꺼짐 기능이 있는 작고 은은한 취침등을 둔다. 예약 꺼짐 기능이 있는 취침등은 너무 오랜 시간 켜져서 아이의 수면 흐름을 방해하는 것을 방지할 수 있다. 취침등을 아이와 함께 골라보고 아이가 좋아하는 모양으로 선택한다면 아이가 취침등에 더욱 애착을 가지고 편안한 마음으로 잠을 잘 수 있다.

아이에게 사전 예고 없이 잘 시간이라고 하면서 바로 불을 끄면 안 된다. 아이가 엄마와 있던 환한 방에서 엄마가 없는 어두운 방으로 바로 넘어가게 되면서 무의식중에 불이 꺼지는 것 자체를 싫어하게 된다. 그럴 때는 작은 조명을 침대 곁에 두고 방의 불은 끈 채로 아이와 함께 오늘 있었던 일이나 하고 싶은 이야기를 한다. 아이는 처음에는 방의 불이 꺼진 것에 불안을 느끼지만 작은 조명 아래에서 엄마와 함께 이야기를 나누며 어느새 스르륵 잠들 것이다. 이때 동화책을 읽어주는 것도 좋지만, 엄마가 읽는 것을 아이가 눈으로 같이 읽으려고 할 경우 아이의 눈이 나빠질 수 있으므로 차라리 하루의 일과를 이야기하는 것이 좋다.

요즘 유아를 위한 수면음악이 많이 나와 있다. 다운받기도 쉽고 CD로도 판매한다. 부모들은 특히 클래식이 좋다고 하여 아이에게 클래식을 많이 들려준다. 워낙 많은 정보를 가지고 있다 보니 클래식이 좋다는 정보를 상식처럼 생각하고 바로 아이에게 적용하는 것이다.

그런데 이때 주의할 점이 있다. 클래식은 흔히 잠을 잘 들게 하고, 두뇌 발달에 좋다고 생각하는 부모들이 많다. 그러나 클래식이라고 해서 모든 것이 다 좋은 것은 아니다. 클래식도 도움이 되는 것들이 유형별로 각양각색이다. 적재적소에 맞는 클래식을 찾아야 비로소 그 효과가 배로 발휘되는 것이다.

아이가 잠잘 때 들려주면 좋은 음악은 밝으면서 고요한 음색을 가지고 느린 박자를 갖추고 있어야 한다. 만약 아이를 재울 때 바이올린이 주를 이루는 빠른 박자의 클래식을 들려 아이는 자신도 모르게 기분이 좋아져서 흥분 상태가 된다. 반대로 피아노가 주를 이루지만 너무 어둡고 슬픈 음악을 들려준다면 어두운 방과 음악이 만나 뇌에 어둡고 슬픈 이미지를 각인시켜 쉽게 잠을 이루기 어렵게 된다.

아이가 침대 밑에 괴물이 있다고 할 때는 왜 그렇게 말하는지 생각하고 아이의 특성에 맞는 해결 방법을 찾아야 한다. 하지만 그중에서도 가장 밑바탕이 되어야 할 것은 아이의 감정에 공감하는 것이다. 아이가 얼마나 어둠을 무섭게 생각하는지, 잠자기 싫어하는 마음과 부모와 함께 있고 싶어 하는 마음 등을 충분히 공감하면서 다양한 방법으로 해결한다면 어느새 편안한 표정으로 잠들어 있는 아이를 보게 될 것이다.

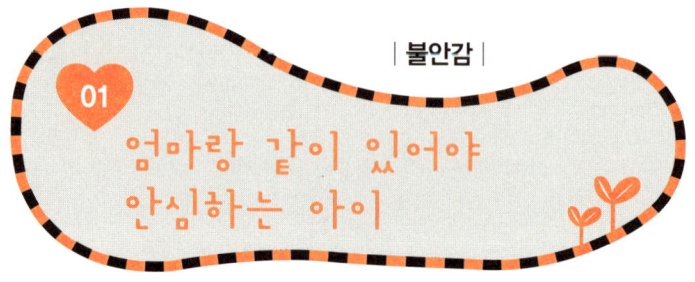

| 불안감 |

## 01 엄마랑 같이 있어야 안심하는 아이

다 자란 새가 둥지를 떠나듯,
아이도 언젠가 떠나기 위해 성장한다.
– 디오게네스

"남자아이인데 4세까지는 제가 계속 데리고 있었어요. 그리고 동생이 생기면서 주말부부인지라 혼자서 둘 다 보기 힘들어 5세에 유치원에 보냈어요. 첫 유치원 생활을 시작하며 손톱을 물어뜯기 시작했고 그러던 중 소변을 자주 실수하는 현상이 나타났어요. 거기에 손의 냄새를 맡는 증상이 꼭 틱 현상처럼 자주 나타나더니 눈을 깜빡거리는 증상까지 겹쳤어요. 아이가 아파서 유치원을 일주일 정도 쉬었을 땐 이 증상이 모두 사라졌고요. 그런데 아빠랑 있을 때도 그래요. 제가 화장실에 갈 때도 쫓아오고 아빠랑 있을 때 손톱, 발톱 뜯는 걸 혼냈더니 아빠 눈치를 보면서 아빠가 안 볼 때마다 뜯어

대네요. 저랑 있을 때는 안 그러는데 아빠랑 있을 때나 유치원에서는 왜 그러는지 모르겠어요."

이 아이는 결국 유치원을 그만두고 집에서 엄마와 함께 지내게 되었다. 아이는 왜 이런 행동을 보인 것일까? 바로 '불안' 때문이다. 엄마와 충분한 애착 관계가 형성되지 않은 상태에서 엄마와 떨어지니 불안감이 신체적인 증상으로 나타난 것이다. 이런 아이들은 유치원이나 어린이집 같은 유아교육기관에 보내기 전에 먼저 엄마가 애정을 많이 표현하고, 아이에게 관심을 보여야 한다. 그리고 주말부부로 지내며 아이와 아빠 사이에 애착이 형성되지 못한 것도 문제다. 아이는 아빠도 안전한 보금자리로 인식하지 못하고 있는 것이다.

지금 이 아이는 유치원이 문제가 아니라 엄마와 떨어져 있는 것 자체가 스트레스다. 이 아이에게는 엄마 곁이 유일한 안식처인데 그 안식처를 빼앗기고 낯선 곳에 내몰린 상황이다. 그나마 유치원에 오기 전에 어느 정도 엄마와 떨어져 있는 경험을 했거나 잠시 떨어져 있어도 엄마가 약속한 시간에 정확히 나타났다면 아이에게 충분한 신뢰감을 주었을 것이다. 아이에게는 세상은 안전한 곳이고 엄마는 다시 꼭 나타나서 자신을 안아줄 믿음직스러운 존재여야 한다.

그러나 아이는 유치원에 오기 전까지 주말부부인 엄마와 생활했다. 엄마도 아이가 있으니 외출도 어렵고 산후우울증으로 인해 아이를 돌보지 않았다. 아이는 TV를 보고 엄마는 옆에서 집안일을 했다.

상황을 잘 살펴보자. 이런 상황에서 아이는 엄마와 잠깐이나마 헤어짐을 연습하기 어렵다. 아이는 자신의 시간을 TV 보기로 썼으니 엄마의 애정을 충분히 느끼지도 못했다. 그런 아이에게 갑자기 엄마와 떨어져서 생활하라는 것은 걷지도 못하는 아이에게 뛰라고 말하는 것과 같다.

성인도 무엇인가 큰일을 하기 전에 비슷한 상황에서 연습도 하고 마음의 준비도 해야 한다. 그런데 아무리 적응 기간이 있다고 해도 연습도 못한 상태에서 실전에 임하라고 하는 것은 아이에게는 너무 힘든 일이다. 이건 마치 남자로 치면 평범하게 잘 지내고 있는데 갑자기 영장이 나왔다며 무작정 데려가서 훈련병 기간도 없이 바로 일병으로 입대시키는 것과 같다. 또는 여성에게 시댁에 대한 어떠한 정보도 주지 않고 결혼하자마자 시댁으로 들어가서 바로 적응하고 살라고 하는 말과 같다.

물론 위의 예시는 아이의 마음을 조금이나마 헤아려보기 위해 과장을 곁들였다. 하지만 그만큼 아이들에게 아무런 연습 없이 헤어짐을 받아들이라는 것은 너무 가혹한 일이다. 어른이 보기엔 어차피 반나절만 있다가 집에 오는 건데 뭐가 그리 힘들까 싶다. 그러나 어른에게 달리기가 쉬운 일이라고 해서 아이들에게도 달리기가 쉬운 것은 아니다.

아이들이 달리기까지는 많은 과정이 포함되어 있다. 먼저 팔과

다리로 기고 몸을 어느 정도 움직이게 되면 허리와 엉덩이를 이용해서 앉는다. 그러다가 벽이나 물체를 잡고 서고 그 후에는 아무것도 안 잡고 홀로 선다. 자꾸 넘어지면서도 천천히 걷다가 어느 순간 넘어지지 않고 걷는다. 걷게 된 아이는 이제 뛰고 싶어서 처음 걸을 때보다도 더 많이 넘어지며 조금씩 짧은 거리부터 달린다. 곧 다리에 근육이 붙고 힘이 생기면서 더 멀리까지 달릴 수 있게 된다.

기고 일어나 달리기까지 아이는 많은 과정을 거친다. 걷는 것만 해도 약 2,000번의 넘어짐 끝에 배운다. 이러한 과정은 결국 달리기까지 성공하게 만든다. 헤어지는 과정도 마찬가지다. 어른은 잠시 헤어지고 나면 다시 만난다는 것을 안다. 하지만 아이들은 모른다. 평생 살면서 엄마의 곁이 가장 안전하고 따뜻하다고 느꼈는데 그 보금자리를 빼앗기는 것이다. 아이는 부모가 더 이상 자신을 필요로 하지 않는 것처럼 느끼기도 한다.

아이가 엄마와 잠시 떨어져 있는 것에 적응할 수 있는 시간이 필요하다. 처음에는 짧은 거리를, 나중에는 좀 더 긴 거리를 연습한다. 그 후에는 엄마가 안 보이는 곳까지 차츰 늘려가라. 처음 연습을 시작할 때는 힘들 것이다. 아이기 안 떨어지려고 하거나 틱 증상이 나타나기도 하고 울고불고 난리 치는 걸 보면 마음이 짠해져서 내가 왜 이런 걸 해야 하나 싶을 것이다.

그러나 아이를 위해 해야 한다. 아이를 초등학교에 들여보내고도 아이와 교실에 같이 앉아 수업을 들을 것인가? 그게 아니라면 지금부터 아이에게 연습할 기회를 주고 적응할 수 있도록 도와야 한다. 아이가 너무 힘들어한다면 아이가 덜 힘들어했던 단계를 여러 번 오래 지속하다가 살며시 다시 시도해보라. 아이가 한 번에 엄마와 떨어지는 것을 성공하길 바란다면 그것은 꿈이다. 그렇다고 너무 두려워하거나 아이에게 미안해할 필요는 없다.

때로는 아이와 헤어지는 것을 엄마가 불안해하고 그 불안이 아이에게 전해져서 아이가 엄마와 떨어지지 못하기도 한다. 엄마는 아이가 자신과 떨어지지 않으려 해서 불편함을 호소하지만 행동은 그렇지 않은 경우가 있다. 예를 들어, 아이가 자신과 떨어져서 잘 있으면 섭섭해하거나 서운해하며 아이에게 "엄마랑 떨어져 있으니까 어땠어? 좋았어?" 같은 질문을 하지 말아야 한다. 아이가 엄마와 떨어져 있을 때 잘 있는 것을 부정적으로 느낄 수 있기 때문이다. 엄마는 아무 의미 없이 하는 말일지라도 아이는 엄마의 말을 통해 엄마의 불안감이 정상이라고 생각한다. 그래서 더욱 엄마와 떨어져 있고 싶어 하지 않을 수 있다.

이런 상황에서 아이가 어떻게 엄마와 떨어질 수 있을까? 자신은 안 그렇다고 생각하는 부모들도 자세히 보면 이러한 행동을 많이 한다. 결국 아이의 불안을 가중시킨다. 그러면 나중에 정말로 부모와 떨어져서 학교에 가야 할 때 아이가 불안감으로 인해 학교에 적응하기 어려워진다. 즉 부모의 대체품으로 친구나 선생님을 찾으려고 한다. 그렇게 대체품이 된 친구나 선생님은 아이와의 관계가 처음에는 좋을지 모르나 나중에는 아이와 대체 대상 모두가 안 좋은 영향을 받게 된다.

아이가 부모와 떨어지기 힘들어한다면 부모 스스로 자신을 돌아보아야 한다. 혹시 내가 아이에게 부모와 떨어졌을 때 잘 지내는 것에 대해 부정적인 영향을 끼치지는 않았는지 살펴봐야 한다. 부모부터 아이와 떨어지는 것이 불안해서 아이를 품 안에 가둬두고 있었던 것은 아닌지 돌아볼 때 비로소 부모 자신이라는 안경이 깨지고 편견 없이 아이가 보인다. 이러한 상황에 있는 아이는 부모가 자신에 대해 알게 되면 자연스럽게 부모와 잘 떨어지게 된다.

아이는 어차피 부모에게서 독립하기 위해 성장한다. 지금은 품 안의 자식이라도 언젠가는 독립해야 하고 부모는 그것을 도와주어야 한다. 엄마와 함께 있어야 안심하는 아이라면 아이에게 세상이 안심할 수 있는 곳이라는 것을 인식시켜준다. 그리고 서서히 부모와 떨어지는 연습을 하면 된다. 그러는 동안 아이는 부모도 모르게 성장해 있을 것이다.

| 불안감 |

## 도전이 어려운 아이

무슨 일이든 조금씩 차근차근 해나가면 그리 어렵지 않다.
– 헨리 포드

"우리 아이는 너무 익숙한 것만 하려고 해서 걱정이에요. 새롭고 낯선 것은 시도조차 하지 않아요. 아무리 달래도 소용없어요. 심지어 장난감도 익숙한 것만 가지고 놀아요."

엄마는 성희가 익숙한 것만 하려는 것이 걱정이라고 한다. 익숙한 것만 하다 보니 장난감이나 인형도 이미 너덜너덜하고 친한 친구도 한 명뿐이다. 그래서 반을 정할 때도 얼마나 난감했는지 모른다.

"글쎄 소꿉친구랑 다른 반이 되더니 그렇게 어린이집에 안 가겠다고 울지 뭐예요. 새로운 친구도 사귀고 새로운 선생님도 만나라고 하니 대성통곡을 하더라고요. 이래서 학교는 어떻게 갈지 걱정이에요."

결국 성희는 소꿉친구와 같은 반으로 반을 바꿨다. 그러나 거기서도 소꿉친구가 다른 새로운 친구들과 신나게 놀고 있으면 성희는 혼자서 블록놀이를 하거나 좋아하는 장난감을 만지작거리면서 가만히 있었다. 엄마는 성희의 이런 모습이 답답하고 속상하다고 말했다. 성희처럼 새로운 것은 안 하려고 하고 익숙한 것만 하려고 하는 아이는 왜 그러는 것일까? 아이들은 아주 어릴 때부터 새로운 것에 호기심을 보이고 탐구하려고 한다. 그러나 부모로부터 계속 제지당하고 부정적인 답을 듣는 경우가 많다. 그런 경험이 쌓여서 새로운 것을 시도하려고 하기보다는 익숙한 것만 하는 성격이 되었을 가능성이 크다. 아니면 새로운 것을 시도했을 때 큰 충격을 받아서 그것이 트라우마가 되어 새로운 것을 시도하는 행동 자체를 두려워할 수도 있다.

보통 어른들은 아이가 무엇인가 만지려고 할 때 그것을 쉽게 무시하고 제지한다. 예를 들어, 아이가 벌레를 만지면 "그거 더러워. 빨리 버려!"라고 한다. 그리고 아이가 혼자 걸어가면 "거기 가지 마! 위험해! 엄마 옆에 있어!"라고 말하면서 제지한다. 아이는 그것이 얼마나 지저분한 것인지, 얼마나 위험한 것인지 모른다. 물론 위험한 것은 당연히 못 하게 막아야 한다. 하지만 막은 뒤에 그에 대해 충분히 설명해야 한다. 간단하게라도 "거기로 가면 엄마를 잃어버릴 수 있으니까 가면 안 돼."라고 말하는 것이다. 그러면 아이는 엄마를 잃어버리지 않기 위해서 그 행동을 하지 않으려고 한다. 그러나 다른 사소한 행동까지도 제지하고 통제하려고 한다면 아이는 자신에 대한 믿음을 잃어버린다. 이 믿음은 '나는 스스로 내 행동을 통제할 수 있어', '내가 하고 있는 행동은 옳은 행동이야', '나는 충분히 잘하고 있어', '나는 지금 안전해'와 같은 것들이다.

그런데 이러한 믿음을 잃어버린 아이들은 자신이 지금 잘하고 있는 것인지, 자신의 선택을 신뢰할 수 없다. 그래서 망설이게 되고 자신의 선택이 잘못될 수 있다는 불안감이 새로운 것에 대한 도전을 방해하는 것이다. 부모가 볼 때는 뭐 겨우 그런 것 가지고 자신에 대한 신뢰를 잃을까 싶겠지만 아이에게는 중대한 일이다. 그로 인해 당장 자신의 세계가 무너질 것 같은 두려움을 느끼기도 한다. 자신에 대한 통제를 부모에게 넘겨준 아이에게 새로운 도전이란 동네 뒷산을 오르는 사람이 에베레스트 산을 보고 느끼는 것과 같이 어렵고 불가능해 보이는 것이다.

이런 아이들은 자존감이 낮아서 현대에 많이 보이는 '결정장애'를 갖게 된다. 무엇을 선택해야 좋을지 모르고 어떻게 해야 좋을지 모르는 것이다. '한번 저질러보자!' 하는 마음이 없다. 안정적인 것을 지향하며 결과를 예측할 수 없는 것은 피한다. 미래가 정확하게 보이는 것을 선택하길 좋아하고 계획대로 움직여야 한다. 만약 계획에서 틀어진다면, 틀어진 순간부터 아이는 어쩔 줄 모르고 불안해하며 우왕좌왕하게 된다. 불안을 내면에 숨기지 못하는 아이라면 주위에 짜증을 내거나 신경질을 내기도 한다. 때로는 까다로운 기질을 가진 아이 중에서 불안감이 선천적으로 높은 아이들이 이러한 성향을 보이기도 한다.

부모는 보통 아주 엄격해 자신들의 규칙 안에서 아이가 움직이도록 한다. 그리고 일관되지 않은 양육을 하고, 아이에게 규칙에 대해 제대로 설명해주지 않는다. 그래서 자꾸 아이가 실수하는 경험을 하도록 한다. 또는 아이에게 무엇인가에 익숙해질 시간이 주어질 틈도 없이 계속 새로운 환경을 만들어주는 부모도 있다.

어린이집에서는 적응 기간을 준다. 아이가 어린이집에 적응할 수 있도록 첫 주는 엄마와 짧은 시간을 함께 보낸다. 그다음 주는 더 길게 있게 하고, 그러다가 점차 정규시간 동안 엄마 없이 지낸다. 새로운 것에 대한 도전을 힘들어하는 아이에게는 먼저 익숙한 것에서부터 시작하게 해준다. 도전이 어려운 아이에게 처음부터 너무 생소하거나 어려운 일을 시키면 시도조차 하지 않을 수 있다. 아이가 익숙하고 편하게 잘할 수 있는 일에서 아주 조금만 더 확장시키는 것이 도전의 첫발을 내딛을 수 있게 하는 방법이다.

그리고 작은 일부디 선택하게 해준다. 아이는 지금 자신의 선택에 대해서 신뢰하지 않는다. 거기에는 실패에 대한 두려움이 담겨 있기 때문이다. 그런 아이의 자율성을 기르기 위해서는 아이가 작은 일에서부터 자신의 선택이 맞았다는 것을 느끼고 자신에 대한 신뢰를 쌓아야 한다. 작은 일에서 선택할 수 있는 기회를 주는 것이 도움이 된다. 예를 들어, "오늘 간식은 호빵과 떡 중에서 네가 선택해."와 같이 아주 사소한 것이라도 아이가 스스로 선택하게 하는 것이다. 작은 일이지만 아이는 자신이 스스로 선택하면서 유능감을 경험하게 된다. 유능감은 곧 자신감으로 연결되고 이런 자신감이 쌓여 더 큰일에 대한 도전도 가능하게 된다.

아이의 행동에 대해 칭찬하는 것도 좋다. 그것은 단순히 물을 마시는데 "아주 물을 잘 마시네."와 같이 무의미한 칭찬을 하라는 것이 아니다. 아이가 무엇인가에 대해 선택하고 그에 맞는 행동을 했을 때 칭찬하는 것이다. 예를 들어, 동생과 놀다가 서로 같은 장난감을 가지고 실랑이를 벌이게 되었다. 이때 아이가 먼저 동생에게 양보하면 "우리 성희가 장난감을 가지고 싶었는데도 동생을 위해서 양보했구나."라고 아이의 행동을 말해준다. 그러면 아이는 그것만으로도 자신이 인정받았다고 느끼게 된다. 또는 아이와 산책을 하다가 갈림길이 나왔을 경우, 아이에게 선택하게 한 뒤 그 선택을 존중해주면 아이는 자신의 선택이 인정받았다고 느낀다.

이러한 소소한 일상들이 쌓여서 아이의 자존감이 높아지고 스스로에 대한 신뢰감이 생기게 되어 도전을 두려워하지 않게 되는 것이다. 아이들은 '나는 그 일을 할 수 있어', '나는 내 선택이 옳다는 것을 믿어', '나는 내가 한 선택에 대해 책임질 수 있다고 믿어', '나는 잘할 수 있어'와 같이 자신에 대한 믿음을 가지고 세상을 바라본다.

내면에 스스로에 대한 믿음이 강한 아이는 도전을 즐긴다. 새로운 것을 추구하고 창의적이며, 나아가는 것에 대해 확신을 갖는다. 어떤 사람은 도전을 좋아하는 아이가 진정한 리더의 유형이라고 말한다. 또 누군가는 자유로운 영혼이라고 말한다. 때로는 성공하는 사람들의 유형이라고도 말한다. 많은 사람들이 내 아이가 이렇게 변하길 바랄 것이다.

많은 부모들이 내 아이가 교실에서, 친구들 사이에서 도전을 좋아하고 리더십이 있는 아이로 성장하기를 바란다. 도전을 좋아하는 아이들은 항상 유쾌해 보인다. 그러나 그렇지 않은 내 아이를 보고 있으면 어떻게든지 바꿔주고 싶은 것이 부모의 마음이다.

하지만 지금 내 아이가 도전을 두려워한다고 해서 조급해할 필요는 없다. 아이는 다양한 경험을 통해서 차츰 성장할 것이고, 지금 그대로도 장점이 많으며 충분히 사랑받을 만한 존재이기 때문이다.

익숙한 것을 좋아하는 아이는 안정적이며 계획적이다. 친구들 사이에서 답답하긴 해도 믿을 만한 친구로 통한다. 기발한 아이디어는 없지만 현재 상황에 맞는 생각과 판단을 할 줄 안다. 내 아이에게 이렇게 장점이 많다는 것을 생각하라. 지금의 상황을 조급하게 생각하지 말고 느긋한 마음으로 아이를 바라볼 때 아직 작게만 보이던 아이가 지금보다 조금씩 더 성장하는 것을 보게 될 것이다.

| 감정 기복 |

01 짜증을 많이 내는 아이

가정은 삶의 보물상자가 되어야 한다.
― 코르뷔제

"우리 아이는 유치원에서는 너무 모범적인 아이인데 집에 오면 백팔십도로 돌변해요. 장난감이나 쿠션을 집어 던진다거나 이유 없이 짜증을 내고 떼를 쓰기도 해요. 교실에서의 모범적인 모습은 눈을 씻고 찾아봐도 없어요. 종일반으로 보낸 뒤 더 심해진 것 같아 걱정이에요. 왜 이렇게 행동하는 것일까요?"

상우는 왜 이렇게 행동하는 것일까? 많은 부모님들이 유아교육기관에서는 모범적인데 집에만 오면 변하는 아이에 대해 토로한다. 마치 지킬 박사와 하이드처럼 이중인격이라도 되는 건 아닌지 몹시 불안해한다. 아니면 엄마를 골탕 먹이려고 그러는 것인지 모르겠다며 버릇을 잡아야겠다고 이야기하는 부모도 있다.

하지만 이런 행동은 이중인격적인 행동도, 엄마를 약 올리려는 행동도 아니다. 어린이집이나 유치원 같은 유아교육기관에서는 단체생활을 해야 한다. 규칙이 있고 그 규칙을 지켜야 선생님의 칭찬과 사랑을 받으며, 친구들과 원만하게 지낼 수 있다. 그리고 아이는 규칙을 지키는 친구들의 행동을 모방하기도 한다. 이러한 여러 이유에서 아이는 유아교육기관에서는 모범생으로서 착실하게 행동한다. 하지만 그것은 자신의 욕구를 누르고 현실과 타협하면서 하는 행동이기 때문에 은연중에 스트레스를 받는다. 거기에 반일반에서 종일반으로 바뀌면서 환경적인 변화에 충격과 스트레스가 더 생겼을 것이다. 나름대로는 유치원이 낯선 장소가 아니기 때문에 종일반 생활에 적응하는 데 그렇게 큰 어려움은 없었다. 하지만 그로 인해 욕구가 억눌리면서 짜증이 쉽게 풀리지 않았을 것이다.

그에 비해서 집은 사랑하는 엄마, 아빠가 있는 안전한 곳이다. 내가 짜증내고 화를 내도 나를 버리지 않을 것이라는 확신이 있는 곳이다. 그래서 유아교육기관에서 생긴 스트레스를 집에서 푸는 것이다. 이것은 부모의 사랑과 관심이 필요해서 하는 행동이다. 요즘은 맞벌이 부모가 대부분이다. 그래서 아이는 부모와 떨어져 있는 시간이 길어질수록 불안과 서운함을 복합적으로 느낀다. 그러나 아이는 그 감정을 어떻게 해소해야 할지 잘 모른다. 그래서 부모에게 더 많은 관심과 사랑을 요구하게 된다. 그러한 요구가 짜증내기, 울기, 떼쓰기, 집어 던지기 등의 행동으로 나타나는 것이다.

환경이나 부모의 태도 변화로 일어날 수 있는 아이의 행동들 중에는 극단적인 공격성을 나타낼 때도 있다. 반대로 자학하는 증세를 보이는 아이들도 있다. 이러한 행동이 심해질 경우 자기 분에 못 이겨서 자신의 얼굴을 손톱이나 물건 등으로 할퀴거나 온몸을 쥐어뜯는 등의 증상을 보인다. 그리고 도벽으로 나타나는 경우도 있다. 습관적으로 친구의 물건을 자기 주머니나 가방에 넣기도 한다. 그리고 그런 행동에 대한 죄의식이 없다. 친구의 물건이 눈앞에 있어서 무의식적으로 주머니에 넣은 것뿐이다. 친구의 물건을 갖고 싶었던 것이 아니므로 왜 주머니에 넣었는지 스스로 설명하지 못한다. 마치 자신 안에 또 다른 자아가 있는 것처럼 자신의 의지와 상관없이 이루어지는 행동이다.

그리고 또 나타날 수 있는 행동으로 '퇴행'이 있다. 바로 아주 어린아이처럼 변해버리는 것이다. 이런 아이의 경우 현재 나이에서는 하지 않는 아기와 같은 행동을 보인다. 예를 들어, 한밤중에 이불 위에다가 오줌을 싼다거나 음식을 심하게 흘리고 먹는 행위 등이다. 그리고 아기처럼 말을 한다거나 때로는 손톱을 물어뜯거나 손가락을 심하게 빤다. 그런데 아이가 그런 행동을 한다고 해서 심하게 야단치면 오히려 역효과가 날 수도 있다. 그럴 땐 먼저 아이의 마음을 받아주는 것이 중요하다.

"엄마가 늦게 와서 속상했구나. 엄마도 우리 상우가 아주 많이 보고 싶었어. 하지만 엄마가 일을 해야 하기 때문에 어쩔 수가 없었단다. 정말 미안해. 엄마는 오늘 하루 종일 일을 하면서 우리 상우 생각만 했어. 일을 하면서 많이 피곤했지만 우리 상우를 만나러 일이 끝나자마자 이렇게 달려왔어. 그런데 상우가 엄마 마음도 몰라주고 엄마한테 짜증내고 떼쓰니까 엄마는 너무너무 속상해. 엄마가 상우를 세상에서 제일 사랑하는 거 알지? 엄마는 상우가 웃어주면 엄청 행복할 것 같아."

엄마는 아이의 마음을 알아주면서도 부모의 상황을 이야기해주어야 한다. 그리고 아이가 어떻게 행동했으면 좋겠는지 아이가 받아들일 수 있도록 쉽게 이야기한다. 그러면 조금씩 변화할 것이다. 하지만 이렇게 이야기한다고 해서 아이의 행동이 금세 달라지는 것은 아니다. 시간을 두고 인내심을 가지면서 아이와 대화해야 한다. 그러면 어느 순간 아이도 안정감을 찾게 된다. 물론 대화만 해서는 아이에게 아무런 변화가 없다. 부모는 자신이 한 말에 맞도록 행동으로 보여야 아이의 변화를 경험할 수 있다.

실천이라고 해서 어렵게만 생각할 필요는 없다. 아이의 마음을 말로써 보듬는 것이 엄마의 역할이라면 신체적인 활동을 통해서 보듬어주는 것은 아빠의 역할이다. 아이의 스트레스가 풀리고 부모의 애정을 충분히 느끼게 하는 데 아빠와의 신체놀이만 한 것이 없다. 남자아이든지, 여자아이든지 아빠와의 신체놀이는 하루의 스트레스를 없애기에 충분하다. 훗날 정서적인 지지대로서 행복한 추억이 될 것이다.

아빠와의 신체놀이를 강조하는 이유는 또 있다. 짜증을 많이 낸다는 것은 화를 표출하기 어려운 상황에서 자신의 불만을 소극적으로 나타내는 것이다. 그럴 때는 화를 내도록 할 수는 없기에 정당하게 그 에너지를 표출할 수 있도록 신체놀이를 통해 발산시키는 것이다. 아빠와의 신체놀이는 스킨십을 많이 하기 때문에 정서적인 안정감도 주어서 짜증을 많이 내는 아이의 기분을 풀어줄 때 좋은 해결책이다.

요즘 아빠들의 육아가 인기다. 한 연구에서는 아빠와 함께 신체놀이를 한 아이들이 그렇지 않은 아이보다 두뇌발달 및 신체발달이 더 좋으며 사회성과 리더십이 뛰어났다는 결과를 발표했다. 그런 아이들은 다른 아이들보다 스트레스에 대한 내성이 강하고 정서적으로 안정된 아이들이 많다.

혹시 아직도 내 아이가 짜증을 많이 낸다고 같이 짜증을 내고 있지는 않은가? 아이도 짜증을 내고 싶어서 내는 것이 아니라는 것을 기억해야 한다. 아이는 엄마, 아빠를 싫어해서 짜증내는 것도 아니고, 부모를 약 올리기 위해서도 아니다. 아이는 지금 자신의 불만을 어떻게 표출해야 좋은지 정당한 해결책을 모른다. 그리고 엄마, 아빠의 사랑을 어떻게 갈구해야 하는지 모른다. 그렇기 때문에 그 모든 복잡한 마음을 담아 짜증을 내는 것이다.

단순히 짜증내는 아이의 행동만을 본다면 아이는 청소년기에도 짜증내는 아이로 자랄 것이다. 지금까지 짜증내는 아이를 달래기 위해서 아이가 좋아하는 장난감을 사 주거나 똑같이 화를 내면서 아이의 짜증을 잠재웠다면 이제 그 행동을 멈춰야 한다. 그것은 아이의 짜증을 부추기는 악순환의 고리일 뿐이다.

진정으로 아이가 집에서 짜증내지 않고 지내길 바란다면 이제는 엄마가 아이의 감정을 공감해주고 아빠가 신나게 신체놀이를 해주면 된다. 3~4시간이나 놀아줄 필요는 없다. 하루에 단 20분이라도 온전히 아이에게 집중한다면 아이는 어느새 집에서 환하게 웃는 아이로 변할 것이다.

| 감정 기복 |

## 시도 때도 없이 우는 아이

눈물은 동정심을 가져다주지만,
땀은 변화를 가져다준다.
- 제시 잭슨

《양치기 소년과 늑대》 이야기를 예로 들어보자. 한가로운 풀밭에서 양을 치던 양치기 소년은 심심했다. 그래서 재미있는 일이 없을까 생각하다가 한 가지 재미있는 장난이 떠올랐다. 바로 사람들에게 "늑대가 나타났다!"라고 거짓말을 하는 것이다. 처음에는 양치기 소년의 말에 마을 사람들이 헐레벌떡 뛰어와서 당황하는 모습을 보였다. 그 모습을 본 양치기 소년은 배를 잡고 뒹굴며 웃었다. 마을 사람들은 화가 나서 돌아갔지만, 다시 심심해진 양치기 소년은 며칠 후 또 거짓말로 "늑대가 나타났다!"라고 외쳤다. 그 거짓말에 속아 넘어간 마을 사람들은 또 헐레벌떡 뛰어왔다. 그러나 양치기 소년의 거짓말인 것을 알고 씩씩거리며 돌아갔다. 그 후 또 몇 번의 거짓말이 있었고, 이제 아무도 양치기 소년의 말을 믿어주지 않았다.

그로부터 시간이 지나고 양치기 소년이 꾸벅꾸벅 졸고 있을 때 진짜 늑대가 나타났다. 다급해진 양치기 소년은 너무나도 간절하게 "늑대가 나타났다!", "늑대가 나타났어요!", "여기로 와서 도와주세요!", "진짜 늑대가 나타났어요!"라고 소리쳤지만 아무도 도와주러 오지 않았다. 결국 양치기 소년의 양들은 모두 죽었고 양치기 소년은 거짓말했던 것을 후회했다.

시도 때도 없이 우는 아이를 둔 부모는 안절부절못한다. 달래도 보고 혼도 내보지만 아이는 울음을 멈추지 않는다. 결국 아이의 울음에 지고 마는 부모들이 부지기수다. 나중에는 아이가 울어도 "또 우는구면." 하면서 지쳐서 포기하거나, "쟤가 눈물이 많아요. 자주 저러니깐 신경 쓰지 마요."라고 말한다. 마치 양치기 소년의 거짓말에 지쳐서 믿음을 잃어버린 마을 사람들처럼 부모도 아이에 대한 믿음을 잃게 되는 것이다.

"일곱 살 남자아이인데 너무 약하고 눈물이 많아요. 착하고 말도 잘 듣지만 아무 때나 울어 이젠 아이한테 말을 막할 때가 있어서 너무 속상해요. 네 살짜리 여동생보다 씩씩하지 못하다며 아빠는 오히려 무섭게 해서라도 고쳐야 한다고 때리기까지 하지만 소용이 없네요. 이럴 때 혼을 내주어야 할지 달래주어야 할지, 어떻게 해야 할까요?"

아이가 시도 때도 없이 울면 어떻게 해야 할까? 아이가 운다고 곧 응해주면 점점 더 울게 된다. 울어서 안 되는 게 없다는 생각이 들면 자주 울게 된다. 그리고 조그마한 일도 울음으로 해결할 수 있기 때문에 계속 운다. 대개 부모는 혼을 내며 눈물을 그치라고 야단치지만 마음처럼 쉽지 않다.

지나친 과잉보호나 응석받이로 자란 아이는 자신감도 없고 다른 사람에게 기대고 싶은 마음에 아기와 같은 행동을 한다. 또 의존심이 강한 아이는 꾸중을 들을 때 울음을 보이면 용서받을 수 있다는 것을 알고 울음을 도피처로 삼는 경우도 있다. 그런 아이는 조금씩 행동을 고쳐줘야 한다. 아이가 울면서 응석을 부리고 기대려고 한다면 어느 정도는 아이가 혼자 설 수 있도록 도와주어야 한다. 울음을 도피처로 삼으려는 아이에게 문제 상황을 인식시키면서 문제를 회피하지 않도록 유도한다. 그리고 지나친 과잉보호로 인해 아이가 혼자서 아무것도 하지 못한다면 이제는 하나둘씩 아이가 스스로 하도록 이끌어줘야 한다.

내가 아는 지인 중에 아이가 중학생이 되도록 모든 것을 다 알아서 해주는 분이 있다. 그녀는 자신의 일에는 아주 철저하고 밑의

직원들에게는 엄한 데 비해 늦은 나이에 얻은 외동딸은 금이야 옥이야 대했다. 그래서 그런지 그 아이는 중학생이 되었는데도 엄마가 해줄 때까지 아무것도 하지 않았다. 심지어 엄마가 올 때까지 저녁도 먹지 않고 내내 굶으면서 계속 휴대전화로 울음 섞인 연락을 한다. 그러면 그녀는 집으로 일을 싸 들고 간다고 한다. 주말 출근이라도 하는 날에는 집에 밥을 다 차려 놓고 나와도 아이가 하루 종일 밥을 안 먹어서 퇴근할 때까지 발을 동동 구르기도 한다.

지인은 "내 아이가 좀 여려서 눈물이 많아. 그리고 워낙 엄마, 아빠를 끔찍이 여긴다니깐. 저녁도 먹지 않고 기다리는 거 봐봐. 좀 걱정스럽긴 하지만 그런 게 또 사랑스러워. 내가 이래서 빨리 퇴근하게 돼."라고 말했다. 중학생인데 라면 하나 끓일 줄 모르는 아이인 것이다. 아직도 부모가 옷을 입혀준다는 그 아이의 미래가 정말 많이 걱정스러웠다.

아이의 미래를 생각한다면 과잉보호를 하면 안 된다. 과잉보호는 아이를 망치는 지름길이다. 조금만 울어도 즉시 반응하고 아이가 원하는 대로 해준다면 아이는 독립성과 자존감을 키울 수 없다. 과잉보호를 하지 말라고 했다고 너무 엄하고 무섭게 아이를 대하는 것도 문제다. 아이는 늘 긴장하고 움츠러들어 있어 누가 뭐라고만 해도 눈물을 보이게 된다. 그러면 적절한 대응 방법을 배우지 못할 수 있다. 그런 아이는 긴장을 완화시켜주면서 적절한 대응 방법을 알려줘야 한다. 이런 아이의 경우 부모를 살펴보면 아이를 윽박지르거나 아이의 말을 끝까지 안 들어주는 경우가 많다. 그런 부모의 반응이 더 아이를 움츠러들게 하므로 최대한 아이의 말을 들어주면서 윽박지르는 행동을 줄이는 것이 좋다.

또 몸이 허약하거나 감수성이 예민한 아이도 잘 운다. 이런 아이들은 그 특성을 그대로 받아들여주는 것이 좋다. 그러나 몸이 약하고 예민하다고 해서 울 때마다 달래주면 안 된다. 최대한 자신의 힘으로 일을 해결할 수 있도록 해줘야 한다. 그리고 무엇이든 스스로 할 수 있도록 하고 작은 일이라도 성취했을 때 칭찬하는 것이 좋다.

부모가 아이에게 무관심할 때 아이는 부모의 관심을 끌기 위해 울기도 한다. 애정이 결핍된 아이는 우는 것이 관심을 받을 수 있는 방법이라고 생각한다. 아이가 울지 않을 때도 관심과 사랑을 보여주는 부모는 아이의 우는 행동을 멈추게 할 수 있다. 어떻게 해서든지 자신의 생각을 관철시키기 위해서 자기 뜻대로 안 되면 무조건 울기부터 하는 아이도 있다. 부모는 아이가 울기 시작하면 당황해하며 아이에게 더 관심을 보여준 것은 아닌지 되돌아봐야 한다. 또 아이가 심하게 울면 그저 져주는 일이 빈번했는지 등 자신의 태도를 살펴봐야 한다. 자신이 울면 원하는 것을 얻을 수 있다는 방식이 아이에게 습관화된 것일 수도 있다. 부모는 자주 우는 아이가 말로 표현했을 때 아이의 요구를 들어주고, 울며 떼를 쓰는 경우는 들어주지 없는 방식을 오랜 시간 지속해야 한다. 이미 습관이 된 울음을 고치는 데는 많은 시간이 들기 때문에 인내심을 가지고 한결같이 아이의 울음에 대처해야 한다. 그러면 아이는 울음이 아닌 정당한 말로써 자신의 요구와 의지를 이야기하려고 할 것이다.

울음도 하나의 자기표현이다. 누구나 속상하면 울 수도 있다는 것을 인정하는 것은 중요하다. 그렇지 않으면 아이는 울음이 나쁜 것이라고 생각해 왜곡된 감정표현을 하게 된다. 울고 나면 스스로 감정이 정화될 수 있으므로 무조건 울지 말라고 야단치기보다는 '아이가 왜 우는가?' 따져보고 그 원인에 따라 반응해야 한다.

아이가 우는 것은 자신의 마음대로 되지 않기 때문에 속상해서 나타나는 행동이다. 먼저 부모는 아이의 그 마음을 받아준다. 아이의 요구를 들어주거나 아이를 달래주는 것을 뜻하는 게 아니다. 아이의 감정에 공감해주는 것이다. "그게 안 되어서 속이 상했구나.", "아주 많이 화가 났구나."라며 아이의 감정을 읽어주는 것이 중요하다. 반대로 아이가 말을 안 해도 아이의 속상한 마음을 함께하며 아이를 지켜본다. 그러나 아이가 자신의 요구를 관철시키려고 과도하게 관심을 끌려고 할 때나 책임을 회피하려 할 때, 자기방어를 하려고 할 때는 아무리 울어도 잠시 동안 모르는 채 놔두는 것이 좋다.

부모는 아이의 흥분이 가라앉고 울음을 그치면 바람직한 말이나 행동에 대해 아이와 함께 이야기한다. 예를 들어, 울고 있는 아이에게 "울면서 말하면 무슨 말인지 잘 알아들을 수 없단다.", "네가 원하는 게 무엇인지 알고 도와주고 싶어. 울음을 그치고 천천히 이야기해줄래?"라고 부드러우면서도 단호하게 말한다.

아이가 우는 이유를 설명하도록 해주고 아이에게 속상한 마음을 언어로 표현하도록 가르쳐준다. 아이가 울음을 그치고 말할 땐 진지하게 들어주면서 "울지 않아도 말로 표현할 수 있구나. 이제 많이 컸구나." 하고 충분히 격려한다. 아울러 문제에 따라 받아줄 수 있는 것과 받아줄 수 없는 것을 확실히 말해줘야 한다. 그래야 아이도 자신이 울어도 되는 때와 안 되는 때를 구분할 수 있게 된다.

또 아이가 적절한 자기방어를 할 수 있도록 가르쳐준다. 무조건 착한 아이가 좋은 아이라고 가르치면 아이는 문제 상황에서 양보하고 피하고 우는 것밖에 못한다. 부당하게 다른 아이에게 맞았을 때 대응할 수 있도록 알려주어야 한다. 즉 호소하고 싶은 것을 말로 나타낼 수 있도록 하거나 어른에게 도움을 요청하는 능력도 길러주어야 한다. 그래야 울음이 아닌 적절한 자기방어로 스스로를 보호하고 문제를 해결할 수 있다.

평소 아이의 기본적인 욕구를 만족시켜 아이가 충분한 애정을 느끼고 정서적으로 행복감을 갖게 한다. 그래서 성숙한 인격을 형성할 수 있도록 도와야 한다. 특히 형제간에 동생만 위하고 자신은 관심을 받지 못한다고 생각해 관심을 끌려고 할 경우, 우는 것 자체를 야단치지 말고 충분한 관심과 애정을 표현해야 한다.

　마지막으로 아이가 잘 운다고 속상해하거나 "왜 바보같이 매일 울기만 하니?", "이제 우는 게 아주 입에 붙었어. 이제 그만 울어라. 지긋지긋해!"라고 화를 내면 안 된다. 그리고 "넌 남자가 웬 눈물이 그렇게 많니? 자꾸 울면 고추 떨어진다!"라고 놀리거나 "이 울보야!"라고 별명을 붙여주면 아이는 수치심과 불안감을 느낄 수 있다. 그러므로 매사에 자신감과 책임감을 갖고 자랄 수 있도록 도와주어야 한다.

　시도 때도 없이 우는 아이로 인해 지친 부모들이 많다. 그들은 아이가 하루라도 안 우는 것이 소원이다. 이제는 노이로제에 걸릴 것 같다는 부모도 있다. 그러나 당장은 바뀌지 않는다. 하지만 우는 것이 계속 지속되지도 않을 것이다. 부모가 변하면 당연히 아이도 변한다. 다만 늦게 변할 뿐이다. 울음 많은 아이가 웃음 많은 아이로 변할 때까지 조금만 더 힘을 내보자.

| 욕심 |

## 01 난 일등이 좋아요!

동료나 선배들보다 더 잘하려고 너무 애쓰지 마라.
대신, 더 나은 자신이 되도록 노력하라.
– 윌리엄 포크너

"아이가 놀이를 하다가도 자신이 지면 다시 하자고 떼를 써요. 그리고 이길 때까지 해야 한다고 해요. 거기에다 자신이 또 지면 상대편이 반칙을 썼다고 우기기도 하고요. 아이가 너무 일등에만 집착하는 거 같아서 걱정이에요. 이럴 때는 어떻게 해야 하나요?"

홍민이의 엄마는 아이가 어린이집 차량 버스를 기다릴 때도 일등으로 줄을 서야 직성이 풀린다고 한다. 홍민이의 행동은 어린이집에서도 마찬가지다. 놀이터에 나가기 위해 줄을 설 때 다른 친구가 먼저 서 있으면 그 친구를 밀치고 꼬집어서라도 자신이 일등을 해야 민 한다. 그래야 직성이 풀린다. 야외활동 시간에 달리기라도 하면 자신이 가장 먼저 달리기 위해 제일 맨 앞에서 두 팔을 벌리고 준비한다. 다른 친구들이 자신보다 앞으로 못 가게 하기 위해서다.

홍민이에게 중요한 것은 이기고 지는 놀이가 아닌, 친구들과 함께하면서 놀 수 있는 일을 경험하게 해주는 것이다. 그런 놀이로 강강술래, 아빠와 함께 하는 이불놀이, 엄마와 함께 하는 책놀이 등이 있다. 놀이는 승패와 상관없이 이기고 지는 사람이 없어도 다 함께 재미있게 시간을 보낼 수 있다는 것을 아이는 알게 된다. 그리고 부모와 선생님은 일등을 했다고 칭찬하는 것이 아니라 놀이 과정 중에 보여준 협동심 등을 칭찬하는 것이 좋다.

"홍민이가 이만큼 노력했구나. 정말 멋있다!"
"저기서 여기까지 거리가 먼데도 포기하지 않고 열심히 걸어서 여기까지 도착했구나. 홍민이는 끈기 있는 멋진 어린이야."

이렇게 칭찬을 하다 보면 아이는 결과가 아닌 과정에 집중하게 된다. 이런 경험이 반복되면 아이는 놀이에서 이기지 않아도 '내가 열심히 한 것이 중요한 거야. 그러니 괜찮아'라는 의식을 갖게 된다.

'이기는 것'에 너무 집착하는 아이는 거짓말을 하거나 질 것 같으면 아픈 척을 한다. 그리고 자신이 졌다는 사실을 인정하고 싶어 하지 않는다. 이런 태도 때문에 친구들과 자주 다투게 되고, 소외되기도 한다. '이기는 것'에 집착하는 아이는 문제점을 지적하고 비난하기보다 올바른 상황으로 아이를 유도하는 것이 필요하다. 아이가 경쟁에서 패배한 뒤 승패를 받아들이지 못한다면, 아이의 마음이 진정되기를 기다리는 것이 좋다. 그런 다음에 아이의 마음을 위로하고 격려하면서 승부에서 져도 괜찮다는 것을 가르쳐주는 것이 중요하다.

"저희 큰딸이 올해 다섯 살인데 무조건 일등만 고집해요. 집에 들어올 때도 자신이 첫 번째로 들어와야지, 엄마나 아빠가 먼저 들어가면 울고불고 난리가 나요. 거기에 밥도 누가 먼저 먹기라도 하면 대성통곡을 해요. 밥 먹는 것도 마음대로 못 먹으니 너무 불편해요."

다섯 살이면 한창 그럴 시기다. 다른 친구들도 비슷한 시기에 그렇게 행동한다. 교실에서 친구들끼리 서로 "내가 일등이다!"라고 경쟁하며 놀기도 하고 "우리 토끼책상에서 내가 일등으로 먹었다!" 하면서 서로 경쟁하기도 한다. 이 시기에 자연스러운 행동이기는 하지만 그대로 내버려둘 수도 없다. 이 시기의 아이들에게는 꼭 일등만 좋은 것이 아니라 2등도 좋고 3등도 좋은 것이라는 것을 알려줘야 한다.

밥을 먹을 때 일부러 아이보다 천천히 먹다가 아이가 일등이라고 좋아하면 부모는 2등이라고 좋아하는 모습을 보여줘라. 게임을 하면서도 아이가 이기면 "홍민이가 열심히 게임을 해서 이겼구나. 엄마는 홍민이가 이겨서 기뻐. 홍민아 축하해!"라고 말하며 같이 기뻐하며 즐거워해라. 2등을 했을 때나 3등을 했을 때도 슬퍼하지 않고 이긴 사람과 똑같이 즐거워하면 아이는 부모의 모습을 모방해 일등 하는 것과 이기는 것에 집착하지 않게 된다.

"일곱 살 아이가 뭐든지 일등에 집착을 하는데 원래 그런 건가요? 길을 걸어도 자신이 남보다 앞서서 가야 되고 자전거를 타도 남들이 자신보다 월등히 앞서 가면 울어요. 원래 이런 건가요? 아니면 성격상 문제가 있는 걸까요?"

일곱 살은 초등학생이 되기 전인 만큼 학습적인 부분을 고려해야 하는 나이다. 이기는 데 욕심이 있는 아이는 보통 학습적인 부분에도 욕심이 있어서 공부도 잘하고 인지적인 학습도 열정적으로 한다. 그런 부분은 나름대로 좋은 점이기 때문에 무조건 야단만 칠 일은 아니다.

하지만 더 안 좋은 방향으로 굳어지면 아이는 한 번의 실패에 다시 일어나지 못할 수도 있다. 그럴 땐 아이에게 언제나 일등만 할 수는 없으며 또 최선을 다한 2등도 아름답다는 것을 알려줘야 한다. 일등에 집착하지 않고 승패의 결과를 털어버릴 수 있는 가치관을 어릴 때부터 잡아줘야 한다. 그래야 나중에 더 큰 도전을 할 수 있고 실패했다 하더라도 다시 오뚝이처럼 일어설 수 있는 힘이 생긴다.

진호는 앞에서 나온 아이들처럼 이기는 것을 중요하게 생각하는 아이다. 진호는 어린이집에서 뭐든지 일등을 못하면 울고불고하며 드러눕는다. 진호의 담임선생님은 규칙을 잘 지키는 아이들에게 칭찬스티커를 준다. 그 칭찬스티커를 다 모으면 받을 수 있는 선물을 얻기 위해 진호는 목숨을 건 사투를 벌인다. 다른 친구들보다 더 빨리 더 많이 모으기 위해서 자신이 할 수 있는 모든 일을 최대한 하려고 한다. 칭찬스티커를 못 받는 날은 억울해하며 난리를 친다.

일등을 하지 않으면 난리를 치는 진호 때문에 부모는 진호를 혼내기 일쑤였다. 처음 세 번 정도는 달래도 봤지만 이제는 고쳐지지 않아 협박부터 한다. "너 또 일등 하겠다고 울었다며? 또 울고 난리 치면 이제는 일등을 해도 아무것도 없어!", "선생님한테 말해서 칭찬스티커 다 모아도 아무것도 주지 마세요,라고 말한다!", "이기든 지든 그게 뭐 대수라고 또 울어? 그렇게 우는 거 지겹지도 않니?" 등의 말을 하면서 부모와 진호 모두 감정이 상했다. 부모는 퇴근 후 피곤한데 아이까지 칭얼대니 짜증이 몰려와서 아이가 귀찮을 수 있다. 그러나 아이는 아이대로 자기감정을 무시당한 것 같아 속상하다.

아이들은 지는 것도 배워야 안다. 졌을 때 어떤 느낌이 드는지 그래서 다음에는 어떻게 게임을 해야 하는지 부모와 이야기하면 더욱 좋다.

"이번 게임은 졌네. 졌을 때 어떤 느낌이 들었니?"
"엄마는 졌을 때 진호가 이기는 모습을 보고 축하해주고 싶었어. 엄마는 졌지만 기분이 참 좋아. 진호랑 같이 놀면서 즐겁고 행복했으니까."
"다음에는 어떻게 하면 같이 더 재미있게 놀 수 있을까?"
"엄마는 이런 방법을 사용하면 진호랑 더 재미있게 놀 수 있을 것 같은데, 어때?"

아이와 부모가 서로 어떻게 하면 게임을 더 재미있게 할 수 있을지 연구하고 규칙을 만들어가는 것도 좋다. 그런 과정을 통해서 이기고 지는 결과보다는 게임을 재미있게 하는 과정이 더 소중하게 느껴지기 때문이다. 그리고 서로의 감정을 이야기하면서 지는 것은 기분 나쁜 일이 아닌, 서로 즐겁게 놀이하다가 나오는 결과물일 뿐이라는 것을 알게 된다.

유난히 승부욕이 강해서 지고는 못 견디는 아이들이 있다. 공부나 운동에서는 물론이고 아주 간단한 놀이에서조차 지는 것을 싫어한다. 이러한 아이들은 이기기 위해 매사에 열정을 가지고 노력하는 모습을 보인다. 하지만 승부욕이 지나쳐 승부의 겨루기에만 집착하게 되면서 부작용이 나타나기도 한다. 놀이에서 질 것 같은 예감이 들면 판을 뒤엎는다든지 규칙을 자신에게 유리한 쪽으로 바꾼다든지 하는 것이다. 어떨 땐 아예 도전 자체를 하지 않고 지레 포기하기도 한다.

건강한 승부욕은 아이에게 긍정적인 영향을 미치지만 지나치게 되면 여러 가지 문제가 생긴다. 결과가 아닌, 노력하는 과정의 중요성에 관해 이야기함으로써 아이가 바른 승부욕을 가질 수 있도록 도와줘야 한다.

승부욕은 아이가 자기발전을 하기 위해서 필요하다. 또 승부욕이 있는 아이는 매사에 열정적이고 도전적이어서 그런 모습이 주변 사람들에게 긍정적으로 보인다. 승부욕이 꼭 나쁜 것은 아니지만 지나친 승부욕은 부모의 세심한 칭찬과 격려가 있다면 충분히 고쳐질 수 있다. 현명한 엄마는 아이를 일등보다 행복의 중요성을 아는 아이로 키우는 법이다.

| 욕심 |

02 마트에 가면
드러눕는 아이

교육이 계속되어야 하는 이유는 아이가 사람으로 태어나지 않고,
사람으로 만들어지기 때문이다.

– 자끄 뷔르쟁

 

대형마트에 가면 장난감이나 과자 진열대 앞에서 떼를 쓰는 아이를 종종 보게 된다. 엄마는 안 된다며 손을 잡아끌고 아이는 몸부림치며 매달리기 일쑤다. 평소 얌전했던 아이도 사람이 많은 곳에 가거나 집안에 손님만 오면 유독 떼쓰기가 심해진다.

이럴 때 어떻게 대처해야 할까? 보통 두 돌 정도가 되면 물건에 대한 소유욕이 생기기 시작한다. 이는 자아 형성 과정에서 비롯되는 자연스러운 현상이다. 떼를 쓰는 것도 마찬가지로 어린아이들은 아직 욕구를 표현하는 적절한 방법을 모르기 때문에 떼쓰기로 의사를 표시한다. 그리고 물건을 사 달라고 하며 부모의 사랑을 확인

받고 싶어 한다.

　아이들은 부모가 자신을 사랑하지 않기 때문에 자신이 원하는 것을 사 주지 않는다고 생각하기도 한다. 평소 칭찬할 일이 있을 때마다 물건으로 보상해줄 경우 아이들은 물건을 받아야만 인정받는다고 여기게 된다. 이렇게 되면 부모의 사랑을 확인하느라 물건을 사 달라고 떼를 쓰는 일이 반복될 수 있다. 물건이 아니라 엄마 아빠와의 놀이, 충분한 스킨십 등으로 아이의 사랑에 대한 욕구를 채워줄 필요가 있다.

　떼를 쓰는 아이의 관심을 돌리는 것도 한 방법이다. 아이가 마트의 장난감 코너에서 장난감을 사 달라며 심하게 떼를 쓴다면 한쪽 구석에서 샘플용 장난감을 갖고 놀게 한다. 아니면 사탕이나 작은 과자 같은 것을 미리 준비해 두었다가 위기 상황에서 아이에게 꺼내 줘 시선을 돌리는 것도 방법이다. 아이가 떼를 쓸 때는 다른 곳으로 관심을 돌리면 아이와 큰 충돌 없이 마트에서 일을 볼 수 있다.

　무관심으로 일관하는 것도 좋다. 떼를 쓸 때마다 땅바닥에 주저앉는 아이를 일으켜 세우고 해달라는 대로 다 해주는 부모가 있다. 그러면 점점 떼쓰는 정도가 심해진다. 그럴 때는 아예 관심을 보여주지 않으면 아이도 드러눕고 떼쓰는 것이 통하지 않는다는 것을 알게 된다.

　아이가 계속 드러눕고 안 일어난다면 아이를 일으켜 세워서 어깨를 잡고 단호하게 "그만, 안 돼."라고 말한다. 그리고 아이가 울음을 그칠 때까지 쳐다보라. 그렇게 몇 번 시도하면 처음에는 말을 안 들을 수도 있지만 나중에는 "그만!"이라는 말만 들어도 단번에 행동을 자제할 수 있게 된다.

부모는 마트에서 떼를 쓰는 아이를 보면서 "언니는 안 그러는데, 넌 왜 그러니?", "수연이가 동생이고 정연이고 언니인데 정연이가 더 아기 같구나."라고 하는 등 형제나 다른 아이와 비교하지 않아야 한다. 비교는 아이로 하여금 엄마에 대한 믿음을 잃게 하고 자존감이 낮은 아이로 만들기 때문이다. 아이가 드러눕기 전 증상을 보이면 드러눕기 전에 안아 올려서 아이의 행동을 방지한다. 일단 아이가 누워버리면 엄마 혼자 힘으로는 추스르기가 힘들기 때문이다. 아이가 안겨서 소리를 지르고 떼를 쓰면 "그래, 그랬지."라고 맞장구를 쳐주면서 아이의 기분을 풀어준다.

한 번이라도 떼를 써서 원하는 물건을 얻은 경험이 있는 아이는 갖고 싶은 것이 생길 때마다 떼를 쓰기 시작한다. 처음에는 "안 사준다."라고 했다가 아이가 계속 울고불고 떼를 쓰면 다른 사람 보기 창피해서라도 물건을 사 주는 경우도 있는데 이는 안 된다. 이런 경험을 하면 아이들은 다른 사람의 시선을 의식하는 엄마의 '약점'을 이용해 공공장소에 가면 더 심하게 떼를 쓰게 된다.

아이가 떼를 쓸 때는 부모가 일관성 있고 단호한 태도로 아이에게 옳고 그름을 분별하는 능력을 키워주는 것이 중요하다. 들어줘도 될 만한 요구는 떼를 쓰기 전에 바로 들어준다. 그러나 그렇지 않은 경우에는 "안 돼!"라고 단호하게 말한다. 그리고 장난감 앞에서 아무리 울고불고 떼를 써도 모른 척한다. 만약 다른 사람들에게 너무 피해를 줄 정도로 소리를 지르고 떼를 쓰면 아이를 안아 다른 장소로 옮긴다.

눈높이 대화를 하기 위해 아이가 물건을 사 달라고 조를 때는 물건을 갖고 싶어 하는 아이의 욕구를 일단 인정할 필요가 있다. "엄마도 너의 마음을 알고 있어."라고 표현한 뒤 아이의 눈높이에 맞는 대화를 나누는 것이 좋다. "정연이는 지금 저 인형을 갖고 놀고 싶구나? 그 인형 어디가 그렇게 마음에 들어?", "집에 있는 인형은 어떻게 하지? 집에 있는데 또 사면 집에 있는 인형이 얼마나 슬퍼할까?", "보는 것마다 다 사면 어떻게 될까?" 등의 질문을 통해 아이가 스스로 생각할 기회를 준다. 이런 과정을 통해 아이들은 물건을 살 때는 이유가 있어야 한다는 것을 깨닫게 된다.

만약 아이가 막무가내로 울 경우에는 "울면서 얘기하니까 엄마는 네가 뭘 원하는지 하나도 못 알아듣겠어."라고 말하며 일단 울음을 그치게 해야 한다. 그래야 대화와 설득이 가능해지고, 아이도 자신의 요구를 말로 표현하는 습관을 갖게 된다. 또 아이가 떼를 쓰지 않았을 때는 아낌없이 칭찬해준다. 아이는 욕구를 절제한 자신에 대해 자긍심을 느끼고 앞으로도 계속 긍정적인 행동을 하게 된다.

마트에 가기 전에 "오늘은 저녁 반찬을 사러 가는 기야. 저녁 반찬 말고 장난감, 과자는 살 수 없어." 또는 "과자는 엄마가 한 개만 사 줄 거야. 다른 것은 안 사 줘.", "오늘 쇼핑하러 갈 거야. 정연이에게 필요한 게 뭐지?" 등의 대화를 나누며 미리 계획을 세우고 약속을 정하면 떼를 쓰는 행동을 예방하는 데 도움이 된다. 이때 부모는 아이와 한 약속을 꼭 지켜야 한다. 일관성 없이 어떤 때는 아이가 조른다고 사 주고, 어떤 날은 들어주지 않으면 아이는 자신의 욕구를 조절할 수 없게 된다. 백화점 등에 가서 아이에게 할 일을 할당해주는 것도 좋다. 예를 들어, 쇼핑 목록에서 산 물건 지우기, 간단한 물건 찾아서 카트에 넣기 등을 하면서 재미있게 시간을 보내는 것이다.

그러나 지나치게 인색한 것도 좋지 않다. 아이의 욕구를 너무 제한하면 아이가 좌절감을 느끼게 된다. 그래서 더욱 물건에 집착할 수도 있다. 평소 아이가 원하는 것, 꼭 필요한 것이 무엇인지를 파악한 뒤 적절한 시기에 그것을 가질 수 있도록 해야 한다. 마트에 가기 전 엄마가 언제 무엇을 사 줄 것인지를 정확하게 알고 있어야 한다. 그래야 어떤 물건을 사 달라는 요청을 거절당했을 때 좀 더 쉽게 받아들인다. "오늘 마트에 가서 뭐 하나 사 줄게."라는 막연한 말은 하지 말자. 쇼핑을 갈 때는 오늘은 뭘 사러 가는지, 아이에게 어떤 것을 사 줄지 또는 사 주지 않을 것인지를 미리 말해서 예측 가능하게 한다. 꼭 갖고 싶은 물건은 생일이나 어린이날 등 특별한 날에 사 주겠다고 약속해 계획적인 구매가 이뤄질 수 있도록 한다.

마트를 보상 도구로 이용하지 않아야 한다. 아이가 떼를 쓰면 지금 하는 일을 끝내고 대신 마트에 가자며 아이를 달래본 경험이 한 번쯤은 있을 것이다. 그러나 마트가 행동 수정을 위한 미끼가 되어서는 안 된다. 마트에 가야만 잘못된 행동을 바로잡는 마트 만능주의가 아이의 훈육을 망친다.

마트에서 오래 머물지 않으려는 의식적인 노력이 필요하다. 한 시간 안에 쇼핑을 끝내겠다는 원칙을 정하는 것도 방법이다. 필요한 물건만 챙겨 바로 계산대로 향하자. 그리고 자제력이 부족한 아이에게 마트는 자제력을 시험하는 공간이다. 되도록 데리고 가지 않는 편이 좋다. 그러나 현실적으로 쉽지 않다면 미리 동선을 잘 짜서 장난감 코너는 피해야 한다. 부모가 먼저 꼭 필요한 물건만 골라서 사는 모습을 보여주는 것이 좋다. 마트에 가기 전에 무엇을 살지 메모하는 모습도 의도적으로 보여주는 것이 중요하다.

그림책이나 TV에서 보았던 모든 물건이 다 모여 있는 곳이 마트다. 생선 코너에서 삼치, 고등어 같은 이름도 알려주고, 철마다 바뀌는 채소와 과일의 이름도 가르쳐주면 좋다. 한창 글자 읽기에 관심을 보이는 아이라면 과자나 상품의 포장지에 적혀 있는 글자를 하나하나 읽는 것도 재미있는 언어교육의 기회가 될 것이다.

요즘 아이들은 카트에 물건을 담아 계산대로 가져가 돈을 내면 물건을 가지고 나올 수 있다는 사실을 안다. 그것은 아이가 소비에 대한 개념을 인지하고 있다는 뜻이다. 바로 이때가 경제교육을 시작할 타이밍이다. 경제교육은 어떻게 시켜야 할까?

마트놀이는 훌륭한 경제교육 중 하나다. 먼저 몇 가지 물건을 진열하고 아이에게 작은 쇼핑 가방을 준다. 그리고 그중에서 사고 싶은 것을 정한 뒤 물건을 고르게 한다. 이때 원하는 것을 아무 때나 무조건 다 가질 수 있는 것이 아니라 돈이 있을 때, 그것도 제한된 물건만을 살 수 있음을 알려주는 것이 중요하다. 놀이를 통해 사고팔고 돈을 지불하고 거슬러 주는 연습을 하면서 수에 대한 개념도 기를 수 있다.

실제로 작은 마트나 시장에 가서 아이가 저금통에 모아 두었던 동전을 꺼내 써보게 한다. 이때 100원짜리 동전으로 사탕 한 개를 살 수 있고, 동전 3개로는 사탕 3개를 살 수 있다는 식으로 설명한다. 만약 동전이 모자라면 원하는 만큼의 물건을 살 수 없다는 것을 알려준다. "이 과자는 500원이구나. 여기에 있는 아이스크림도 사고 싶으면 좀 더 돈을 모아야겠네."라고 이야기한다. 곧 어느 정도의 돈이 있어야 원하는 것을 살 수 있다는 것을 자연스럽게 알려주는 것이다.

마트는 아이가 좋아하는 것, 갖고 싶은 것, TV에서 보았던 것 등 흥미로운 것들로 가득한 세계다. 마트에 갈 때 이제는 계획을 세워서 아이와 모두 즐겁게 쇼핑할 수 있도록 하자. 작은 노력으로 아이와 부모가 더 행복한 시간을 갖게 된다.

| 주의력 결핍 |
## 01 수업에 집중 못하는 아이

아이들에게 의문을 품지 못하도록 가르친다면
얼마나 큰 비극일지 상상해보라.
— 클라렌스 다로우

새 학기가 시작되면 아이들과 선생님은 서로 적응하느라 바쁜 시간을 보낸다. 하지만 한두 달 시간이 지나면 아이들은 어린이집 생활에 적응한다. 그리고 친구들과 함께 생활하면서 사회성을 키우고 지켜야 할 사회 규범을 배운다. 2학기만 되어도 교실 풍경은 3월 초와는 눈에 띄게 달라진다. 이런 새 학기 특성을 무시한 채 어린이집에 왔으니 수업시간에는 엉덩이 떼지 말고 꼼짝 않고 앉아 있으라고 주문하는 것은 무리한 요구인 셈이다.

산만함의 기준을 어디에 두느냐가 관건이다. 일곱 살 난 아이가 세 살 난 아이처럼 수업시간에 돌아다닌다면 단순히 산만함의 정도를 넘어선 문제로 봐야 할 것이다. 내 아이가 다른 아이에 비해 상대적으로 좀 더 산만한 것인지, 아니면 아이 자체를 놓고 봤을 때 산만한 것인지도 잘 판단해야 한다. 내 아이가 다른 아이에 비해 산만하다는 것은 상대적으로 돌출된 행동 때문에 산만하다고 느껴지는 것일 수도 있다. 또 내 아이에 대한 엄마의 기대치가 높기 때문에 더욱 그렇게 느껴질 수도 있다. 따라서 부모는 아이 자체를 보려고 노력해야 한다. 다른 아이와 비교하지 않고 자신의 아이만 바라본다면 그동안 산만하다고 여겨 왔던 행동이 오히려 아이답게 자신의 에너지를 발산하는 행동이었다는 것을 알게 될지도 모른다.

그러나 내 아이를 다른 아이와 비교하지 않더라도 현저히 산만해 보인다면 아이의 행동 원인을 찾아야 한다. 상민이는 수업시간인데도 주변의 아이들에게 사소한 장난을 걸거나 집적거리는 등 수업 활동에는 별로 관심을 보이지 않았다. 야외활동 시간에는 우연히 벌레를 잡더니 다리들을 다 떼어서 죽였다.

아이의 이런 행동에 대해 엄마와 장시간 상담을 하며 비로소 원인을 알 수 있었다. 두 아들을 키우는 엄마는 억센 아들들을 관리하기 위해 스파르타식으로 통제했다. 아이의 하루 일과는 정확히 정해져 있었으며, 정해진 일과에서 조금이라도 어긋날 경우에는 곧바로 제재를 가했다. 아침에 등원을 시키면서도 아이에게 신신당부를 한다. 그래도 못 미더운지 수업이 끝날 무렵 밖에서 기다리다가 시간 맞춰서 들어와 아이의 가방을 받고 미술학원으로 아이를 보낸다. 아이가 학원에서 집으로 돌아오면 학습지부터 꺼내 그날 해야 하는 숙제를 엄마의 감독 아래 꼼짝 않고 앉아 해야만 했다. 재미있는 점은 엄마는 아이의 공부를 도와준다고 표현하지만 아이는 엄마가 시킨다고 표현한다는 것이다.

상민이는 다른 아이들보다 에너지가 넘치고 활달한 성격이다. 그런데 엄마는 상민이의 에너지를 분출할 통로를 마련해주지 않고 무조건 엄격하게 통제하며 키우고 있었다. 그나마 상민이는 엄마의 눈을 피할 수 있는 어린이집에서 자기 나름대로 에너지를 분출하며 적응해 온 것이었다. 상민이처럼 가정에서는 엄마의 간섭과 통제가 심해서 기를 펴지 못하다가 어린이집에서 자신의 에너지를 마음껏 발산하는 아이들이 있다. 이 아이들은 다른 아이들에 비해 산만하다. 그러니 집이 아닌 밖에서 산만하다는 이야기를 듣는 아이의 엄마라면 자신의 육아 방법을 아이가 답답해하는 것은 아닌지 돌아봐야 한다.

아이의 산만함을 줄이기 위해서는 아이가 있는 공간이 잘 정리되어 있어야 한다. 장난감과 책이 바닥과 책상에 널려 있으면 아이의 정신이 분산된다. 장난감이 널려 있으면 책을 손에 들고 있어도 눈과 마음은 장난감에 가는 것이다. 이렇게 정신이 분산되지 않도록 당장 쓸 것만 두고 나머지는 정리함이나 책장, 서랍에 잘 정리해야 한다.

아이에게 무엇인가를 지시할 때도 어떻게 말하고 있는지 살펴보아야 한다. 엄마는 "진호야, 오늘 학습지 안 했지? 학습지 하고, 방 정리도 해. 그리고 아까 보라고 했던 책은 다 봤니?"라고 이것저것 한꺼번에 시키는 경우가 많다. 이렇게 말했을 때 아이의 반응을 생각해보자. "다 했어요.", "알겠어요, 그만 좀 해요." 등 보통 짜증스러운 반응을 보인다. 한꺼번에 여러 가지 일을 시키면 그 일이 어려운 것이 아니더라도 아이는 부담감을 느끼고 마음에 거부감이 든다. 그런 아이에게 무엇을 시킨다고 얼마나 집중할까.

아이에게 무엇인가를 시킬 때는 한 번에 하나씩 아이가 할 수 있는 것만 시켜야 한다. 예를 들어, 위에서 나열한 일들을 하나씩 시키는 것이다. "진호야, 오늘 해야 하는 학습지가 있지? 5장만 풀고 엄마한테 이야기해."라고 말하면 된다. 그러고 나서 "진호가 학습지를 이렇게 열심히 풀었구나. 이번에는 엄마랑 같이 방을 정리해볼까?"라고 말하며 함께 방을 정리한다. 아이가 방을 깨끗하게 정리했으면 아이를 칭찬하고 격려한다. 그리고 책을 읽었는지 물어보는 것이 순서다. 그래야 하나에 집중할 수 있고, 그 일을 끝까지 마무리할 수 있다. 그렇게 하나씩 해낼 때마다 성취감을 느낀 아이는 자신감이 생긴다. 아이는 자신감을 가질 때 더욱 집중하게 된다.

아이가 해낸 일의 성과를 부모가 확인하지 않고 자주 잊어버리고 지나치지는 않는가? 그러면 아이는 무엇인가를 할 의욕을 잃어버린다. 의욕이 없으니 무엇인가에 집중할 리가 없다. 그런 아이들은 수업에 집중하기보다는 딴 생각을 하게 된다. 이런 식의 산만함을 없애는 데는 아이가 해낸 성과를 잘 기억했다가 아이가 노력한 과정에 대해 칭찬하는 것이 도움이 된다. 자신이 해낸 성과에 대해 부모의 칭찬과 격려를 받은 아이는 더 칭찬받고 싶은 마음에 수업에 의욕을 가지고 집중하게 된다.

산만한 아이는 수업 방법을 바꾸면 산만함이 줄어들 수 있다. 이런 아이는 수업을 하는 방법이 안 맞아서 그럴 수 있다. 그리고 수업 활동 주제를 바꾸고 산만함이 덜해지는 아이도 있다. 또 자신이 좋아하는 주제로 수업을 하면 아주 집중하기 때문에 크게 걱정하지 않아도 된다. 하지만 수업 방법을 바꾸고 주제가 바뀌어도 산만한 아이가 있다면 수업시간을 좀 더 단축한다. 더불어 동적인 활동을 늘리거나 정적인 활동을 번갈아서 하면 나아지기도 한다.

산만한 아이들은 외부 자극에 매우 민감한 특성이 있다. 자극에 민감하기 때문에 그만큼 창의적이다. 이렇게 산만한 아이들 중에서 창의성을 가진 아이가 있다. 아이가 새로운 생각을 말하거나 그림 등을 다르게 표현하면 "넌 참 다른 사람들이 생각하지 못하는 새로운 생각을 해내는 아이구나."라고 감탄하고 격려하며 칭찬해야 한다. 지지받은 아이들은 자신감을 얻어 더욱 재능을 키울 수 있다. 새로운 자극에 민감한 아이들은 오히려 다소 산만해 보이고 혼란한 상황에서 더 잘 집중한다. 이 놀라운 집중력으로 재능을 갈고닦아 천

새성을 드러낸다.

발명왕 토머스 에디슨의 일화는 유명하다. 교실에서 늘 공상에 빠져 있는 에디슨을 선생님은 멍청한 아이, 산만한 아이로 낙인찍고 문제아 취급을 했다. 이 사실을 알고 화가 난 에디슨의 엄마는 에디슨의 손을 잡고 가서 학교를 그만두게 했고, 집에서 직접 가르쳤다. 우리가 잘 알다시피 이후 에디슨은 어머니의 전폭적인 믿음과 격려, 뒷바라지를 받으며 타고난 호기심을 바탕으로 끈기 있게 실험에 몰두했다. 그 결과 백열전구, 축음기, 전신기 등 수많은 혁신적인 제품을 발명해 인류 문명의 발전에 크게 기여했다. 어린 시절 낙인이 찍힐 정도로 산만함이 심각했던 에디슨은 오히려 놀라운 집중력과 창의력을 발휘해 대표적인 발명왕이 되었다.

아인슈타인의 사례 또한 에디슨의 일화 못지않게 유명하다. 아인슈타인은 수업에 집중하는 일을 무척이나 어려워했을 뿐 아니라 수시로 엉뚱한 질문을 던져 수업의 흐름을 방해하는 바람에 일찍부터 문제아로 낙인찍혔다. 에디슨과 마찬가지로 아인슈타인 역시 산만한 아이였던 것이다. 그런 아인슈타인을 우리는 어떻게 기억하고 있는가? 그는 인류가 낳은 가장 탁월한 물리학자로 인정받고 있으며 일반상대성이론과 특수상대성이론의 창안자다.

아이가 산만해 보이는가? 그렇게 보이는 가장 큰 이유는 엄마의 기대치가 높아서다. 주위에서 아이가 산만하다는 이야기를 들어본적이 있는가? 엄마의 지나친 통제와 간섭이 아이를 산만하게 만든다. 아이에게 활동 에너지를 마음껏 분출할 수 있는 다양한 기회를 만들어주고 자유를 주어야 한다.

내 아이가 진짜로 산만하다면 산만함에 초점을 맞추지 말고 아이의 재능을 찾아서 무한한 천재성을 발휘하도록 도와주자. 엄마의 노력 여하에 따라 아이는 창의적인 천재가 될 수도 있다는 사실을 잊지 말자.

지금까지 아이의 정서 상태와 엄마의 불안에 대해 이야기했다. 아이는 아직 유연한 나뭇가지이기 때문에 부모의 교육이 매우 중요하다. 만약 이 책을 읽고도 아이의 문제 행동이 지속된다면 다른 원인이 있을 것이다. 그때는 혼자 무분별하게 정보를 수집하지 말고 나에게 컨설팅을 요청하면 된다. 언제든지 010. 9218. 3873으로 "행복한 엄마, 행복한 아이가 되고 싶어요!"라고 메시지를 보내본다. 바로 육아 실전 솔루션을 전수 받게 된다.

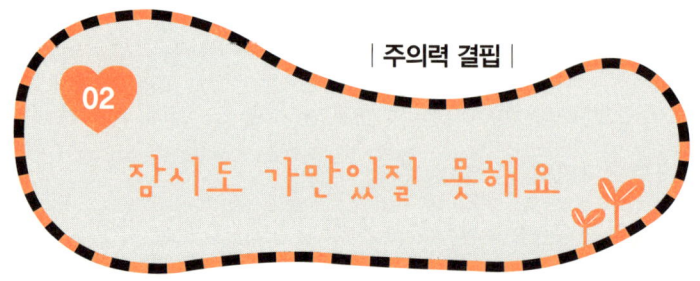

| 주의력 결핍 |

## 잠시도 가만있질 못해요

교육에서 제공된 것은 가치 있는 선물로 인식되어야지
힘겨운 의무로 인식되어서는 안 된다.
― 알베르트 아인슈타인

"영미는 워낙 활발하고 호기심도 많아서 잠시도 가만있지 못해요. 특히 새로운 환경에서 새로운 사람들을 만나면 더 심해져요. 새로운 사람들을 만나면 나이나 성별을 불문하고 가까이 다가가서 계속 쉬지 않고 말을 걸고 질문을 해요. 그래서 어딜 데리고 다니기가 난감해요. 주말 모임이라면 남편한테 아이를 맡기고 나가지만 평일 모임이면 나가지 못할 때가 많아요."

영미 엄마는 오늘도 아이를 데리고 외출하지 못한다. 한시도 가만있지를 않는 아이가 잠시 다른 곳을 본 사이에 없어져 불안하다는 것이다. 영미는 가만있지 못하는 것만 빼면 평범한 아이다. 인지적인 능력도 또래의 친구들과 비슷하고 활발하며 사회성도 뛰어나다. 그런데 엄마는 영미가 계속 움직여야 직성이 풀리는 아이라서 제어가 힘들다는 것이다. 그런 아이는 처음부터 오랜 시간 가만히 있으라고 하면 가만히 있을 의지도 생기지 않고 가만히 있지도 못한다. 결국 엄마와 아이 모두 힘들게 된다.

이런 아이들의 특징은 한곳에 가만히 있지 못하고 정신없이 돌아다니는 것이다. 그리고 수업 도중에도 혼자서 돌아다니거나 딴짓을 한다. 그러다가 결국 선생님이나 엄마에게 혼이 난다. 그리고 놀이를 할 때도 온갖 장난감을 늘어놓고 이것저것 가지고 놀면서 끊임없이 다른 놀이에 정신을 판다. 다른 놀이를 하고 있어서 처음 놀이하던 장난감을 정리하려고 하면 그것도 가지고 있을 것이라면서 치우지도 못하게 한다. 마지막에는 바닥에 널려 있는 각종 장난감을 본 엄마에게 혼이 나고서야 끝이 난다. 또 이런 아이들은 외부 자극에 민감하게 반응해 자신이 목표로 하는 일에 집중하지 못한다. 좀 더 흥미 있는 다른 자극이 들어오면 하던 일을 내팽개치고 그 일을 한다. 공룡을 그리고 있다가도 친구가 옆에서 다른 놀이를 하면 그리던 것을 멈추고 친구가 하는 놀이에 흥미를 보이며 자신의 일은 내팽개친다.

또 규칙대로 행동하는 것이 잘 안 된다. 친구들과 같이 소풍을 갈 경우 혼자서 엉뚱한 곳으로 가서 길을 잃어버린다. 놀이를 시작했다가도 다른 것에 흥미를 보이고 딴짓을 하느라 끝마무리를 제대로 못한다. 그래서 공부나 학습지를 할 때 그냥 내버려두면 5분 만에 끝낼 것을 한 시간이 지나도 끝내지 못한다. 그래도 자신이 좋아하는 놀이나 좋아하는 일에는 어느 정도 집중이 가능하기도 하다.

부모는 아이를 데리고 모임에 갈 경우 아이와 규칙을 정해야 한다. 규칙을 정한다고 바로 아이가 차분해지지는 않는다. 하지만 아이와 반복적으로 규칙을 지키기 위해 노력하는 과정이 필요하다. 이때 아이가 지킬 수 있는 규칙을 정하는 것이 중요하다. 처음부터 한 시간 동안 앉아 있으라고 하면 아이는 규칙을 지키길 포기한다. 그러면 또 엄마의 잔소리가 시작되고 아이는 잔소리를 흘려듣는 악순환이 반복된다.

아이가 몇 분 정도 가만히 있을 수 있는지 평소에 잘 관찰한 뒤, 그것을 규칙에 적용하자. 예를 들어, "영미야, 여기는 여러 사람들이 있는 곳이야. 함부로 돌아다니면 안 돼. 이건 사람들이 서로 지켜야 하는 약속이야. 5분만 앉아서 이야기를 나누다가 일어나고 싶어지면 저기 기둥까지 다녀오자."라고 약속한다. 아이에게 한 시간은 길지만 5분 정도면 버틸 만하다. 5분도 힘들겠다 싶으면 3분도 좋다. 이렇게 처음에는 짧게 시작했다가 점차 익숙해지면 시간을 늘리자.

집에서도 마찬가지로 이런 식으로 한다. 색칠 공부나 책을 읽을 때 활용하면 더욱 좋다. 처음에는 색칠 공부든, 책이든 1분 동안 앉아 있는 것도 힘들어할 것이다. 그러나 3분, 5분, 10분 등 점차 시간이 길어지면 가랑비에 옷이 젖듯이 아이도 가만히 앉아 있는 것에 익숙해진다. 하지만 계속 앉아 있게만 하면 아이는 고통스러워한다. 효과적으로 하기 위해서는 일정 시간 앉아 있게 한 뒤 몸을 자유롭게 움직일 수 있는 시간을 충분히 준다.

어릴 때는 그저 부산하고 가만히 있지 않는다고 생각한 정도였지만 유아교육기관에 들어가면서부터는 산만함이 문제가 된다. 산만한 아이는 끊임없이 부모와 선생님에게 지적을 받게 되어 정서적으로 황폐해져서 더욱 산만해진다. 아이가 지나치게 산만하고 집중을 못하면 단체 생활이나 학습에 지장을 준다. 아이가 산만하다고 판단될 때는 아이의 행동을 잘 살피는 것이 필요하다.

부모는 아이가 해낼 수 없는 과제를 해결하도록 강요하면 안 된다. 또 한꺼번에 여러 과제를 내주는 것도 집중할 수 없도록 만든다. 반대로 야외에서 적당하게 뛰어노는 것은 아이의 스트레스를 해소시킨다. 그리고 충분히 에너지를 발산하기 때문에 집중력이 높아진다. 그러나 지나치게 긴 시간을 뛰어놀게 하면 아이의 흥분 상태가 빨리 가라앉지 않는다. 그런 상황이 반복되면 아이는 다른 상황에서도 흥분 상태가 지속되어 가만히 있지 못한다. 또는 반대로 너무 실외에서 노는 시간이 적어도 발산되지 못한 에너지로 인해 아이가 가만히 앉아 있지 못하기도 한다. 몸에 에너지는 넘치는데 가만히 있으라고 하면 아이는 계속 다리를 떨거나 앞뒤 양옆으로 왔다 갔다 하며 주위를 둘러보게 된다. 아이의 하루 일과를 잘 살펴보고 야외활동이 너무 오랜 시간 지속되는 것은 아닌지, 또는 너무 적은 시간 놀고 있는 것은 아닌지 점검할 필요가 있다.

산만한 아이는 평소 그 행동으로 인해 부모의 잔소리를 많이 듣는다. 그렇게 부모에게 부정적인 피드백을 많이 받은 아이는 기가 죽어서 불안한 심리를 가지고 있다. 아이가 가만히 한자리에 앉아 있지 못할 때나, 몸을 꼬며 꼭 화장실에 가고 싶은 아이처럼 허둥대면 잔소리가 저절로 튀어나온다. 그러나 그럴 때는 잔소리를 하기보다는 오히려 아이를 꼭 안아주면서 부드럽게 말하는 것이 좋다. 그러면 아이는 불안한 마음이 진정되면서 안정감을 느끼게 된다.

심리적으로 불안한 아이는 언뜻 보면 산만한 아이와 행동 양상이 비슷하다. 불안으로 인해 손톱을 물어뜯거나, 손을 한시도 가만히 두지 못한다. 그리고 주변을 계속 두리번거린다. 그래서 아이의 불안은 생각도 하지 못하고 혼내고 야단치고 잔소리를 하게 된다. 그러나 야단치는 것이 오히려 역효과를 일으킨다.

불안함으로 인해 산만한 행동을 하는 아이가 변화되길 원한다면 아이가 규칙적이고 안정적인 생활을 할 수 있도록 서서히 이끌어주는 것이 좋다. 아이가 산만해 실수를 하게 되더라도 작은 것은 그냥 모른 척 넘어간다. 큰 실수를 했을 때는 야단치지 말고 아이가 왜 실수를 했는지 생각해보는 것이 좋다. 그래야 부모에 대한 아이의 신뢰가 쌓이며, 이를 바탕으로 아이의 행동이 변화한다.

　엄마가 다른 집안일을 하면서 아이에게 말을 시키면 아이도 그렇게 된다. 아이와 이야기할 때는 차분히 앉아서 대화해야 한다. 부모가 먼저 오래 시간 책을 보고 음악을 듣는 모습을 보여준다면 아이도 엄마의 영향을 받아 조금씩 산만함이 줄어들 것이다. 한꺼번에 너무 많은 종류의 장난감을 사 주면 아이는 이것도 하고 싶고 저것도 하고 싶어서 한 가지 장난감에 집중하지 못한다. 장난감을 사 줄 때는 한두 가지 정도만 사 준다. 산만한 아이가 하나의 장난감을 갖고 오랜 시간 노는 것은 힘들다. 아이가 짜증내고 떼를 쓴다면 다른 장난감을 주기보다는 차근차근 이야기를 곁들여가며 놀이를 하도록 해야 한다. 하지만 아이가 지루해하는데도 윽박질러가면서 한 장난감에 오래 매달릴 필요는 없다. 한 가지 장난감으로 20~30분 정도 재미있게 놀았다면 충분히 성공적이다.

　야외활동을 할 때는 시간을 정한다. "오늘은 6시에 저녁을 먹어야 하니까 30분만 놀자."라고 정했다면 그 시간에 맞춰서 놀도록 규칙화한다. 또 노는 것도 목표를 정해 그대로 실천하는 것이 좋다. "오늘은 자전거를 타자.", "오늘은 놀이터에서 놀자."라고 목표를 정했으면 그것에 맞추는 것이다. 규칙을 지키는 습관을 들이면 아이가 더 과한 행동을 하고 싶을 때 스스로 자신의 행동을 통제할 수 있다.

　차분히 앉아서 꼼꼼하게 해야 하는 블록 쌓기나 고리 끼우기,

실 꿰기, 또는 낚시놀이처럼 집중력을 필요로 하는 놀이를 하면 산만함을 줄이는 데 도움이 된다. 또 숨은그림찾기, 색칠놀이 등 집중력과 관찰력이 좋아지는 놀이를 통해 산만한 성격을 보완할 수 있다.

놀이뿐만 아니라 일상적인 생활에서도 TV를 보면서 밥을 먹거나, 책을 읽으면서 장난감을 가지고 노는 등 한 번에 여러 가지 일을 하지 못하도록 해야 한다. 한 번에 여러 가지 일을 하는 습관이 들면 무엇인가를 하는 동안 그 일에 집중하기보다는 다른 일도 해야 할 것 같은 느낌을 갖게 된다. 그러면 그 일에 집중하지 못하고 자꾸 몸을 들썩이거나 움직이는 산만한 행동을 보이게 된다.

산만한 아이 중에는 성격이 급한 아이가 많다. 산만한 아이일수록 마음이 급하기 때문에 제대로 일이 진행되지 않으면 신경질을 내게 된다. 그렇기 때문에 아이가 무엇인가를 할 때 답답하다고 간섭하거나 방해하지 말고 여유를 가지고 기다리는 것이 좋다. 그러면서 아이에게 격려와 칭찬을 해준다면 아이는 서서히 변화하는 모습을 보일 것이다.

부모는 산만한 아이의 행동을 고쳐주고 싶어 한다. 하지만 분명한 것은 그러한 행동들이 아이가 일부러 하는 행동은 아니라는 것이다. 아이 스스로도 그런 행동을 멈추고 싶어 하고 자신도 힘들어 한다. 자신의 산만한 행동으로 인해 주위에서 많은 부정적인 이야기를 듣고 그로 인해 상처도 받았을 것이다. 그런 아이에게 부모는 아이를 충분히 믿고 있다는 것을 행동으로 보여주어야 한다. 아이에겐 자신이 부모에게 신뢰받고 있음을 느끼게 해주고, 부모는 아이가 성장하면서 변화할 것이라 믿고 긍정적으로 바라보는 것이 중요하다.

Chapter 5

# 마음을 잘 다루는
# 아이가 행복하다

자신감은 내가 무언가를 잘할 수 있다고 생각하는 것이고,
자존감은 내가 무언가를 잘하지 못해도
나 자신을 사랑할 수 있는 마음이다.

- 남인숙 '서른에 꽃피다' 中

아이는 자신의 감정을 행동으로 표현한다. 소리를 지르는 등 어떤 형태로든 감정을 표현하는 것은 자신의 마음을 알아달라는 간절한 몸짓이다. 아이는 시시각각 세상과 만나지만 자신의 감정의 정체도 모르고 적절한 언어로 표현할 수도 없다. 24시간 느끼는 감정을 오직 몸으로만 표현한다.

또 아이는 객관적으로 상황을 파악할 수 있는 인지능력이 미숙하다. 당연히 어떻게 행동하는 것이 용납될 만한 적절한 행동인지 알지 못한다. 단지 '나 지금 화났어요', '나 좀 봐주세요', '나 지금 너무 속이 상해 울고 싶어요', '저를 좀 위로해주세요' 등 힘든 자신을 도와달라는 메시지를 행동으로 표현할 뿐이다.

　이럴 때 누군가가 아이의 감정을 알아줄 경우와 그렇지 않은 경우의 결과는 천지차이다. 누군가로부터 감정을 이해받은 아이는 금방 감정을 추스르고 안정을 찾는다. 그런 감정이 자신에게만 일어나는 것이 아니라 다른 사람들도 느낀다는 점에 안도하며 차츰 더 적절한 언행으로 표현할 수 있게 된다. 그러면서 아이들은 자신과 남을 존중할 수 있게 되는 것이다.

　반면 감정을 무시당한 아이는 혼란에 빠진다. '어? 이상하다 내가 이렇게 힘든데 왜 아무도 나를 봐주지 않지?', '내가 이렇게 힘든데 어째서 아무도 안 도와주는 거지?', '엄마! 나 정말 힘들어요. 왜 날 안 보는 거예요?' 하고 의아해하면서 자신의 마음을 알아달라며 더 크게 울거나 발을 구르는 등 더 과격한 행동을 한다.

　그런데 대부분의 어른은 그런 아이의 마음을 몰라준 채 아이의 행동만을 보고 야단친다. "시끄러워! 그만 울지 못해!" 또는 "너 한 번만 더 그러면 혼날 줄 알아.", "자꾸 울면 경찰 아저씨한테 전화해서 데려가라고 한다!"라고 엄포를 놓는다. 감정을 알아주기는커녕 야단만 맞은 아이는 의기소침해진다. 감정을 이해받지 못한 아이가 느끼는 충격은 크다. 그런 감정이 누구에게나 생길 수 있는 것이 아니라 자신이 나빠서 또는 이상해서 잘못된 감정을 느꼈다고 생각한다.

　감정을 거부당하거나 무시당하는 일이 많을수록 아이의 자존감은 떨어진다. 결국 자신과 남을 신뢰하거나 존중하지 못하기 때문에 함부로 행동하며, 지나치게 소심하거나 또는 충동적인 언행을 한다. 그리고 꾸지람을 들은 아이는 또 자존감이 하락하면서 악순환이 반복된다.

자살 충동을 느끼거나 폭력을 휘두르는 등 극단적인 행동을 하는 아이들을 보면, 자존감이 매우 낮고 우울해한다. 마음에 상처를 많이 받았음을 알 수 있다. 겉으로 거칠수록 그 내면에는 '아무도 나를 좋아하지 않아', '모두가 나를 무시해', '나는 이 세상에 태어나지 말았어야 하는 존재야', '나 같은 인간은 살 필요가 없어', '아무도 나를 원하지 않아', '나는 불행한 존재야', '나 같은 건 없어져야 해', '난 쓸모없는 인간이야' 등과 같은 생각들로 꽉 차 있다.

또 스트레스에도 아주 취약하다. 처음 감정을 표현했을 때 누군가가 이를 받아주면 금방 마음이 안정되기 때문에 스트레스도 크지 않다. 그런데 지속적으로 감정을 무시당하면 더욱 과격한 방법으로 감정을 표현하게 되고 그래도 감정을 이해받지 못하면 그만큼 스트레스도 더 커진다. 더 큰 문제는 스트레스가 점점 커지는데도 여전히 스트레스를 해소할 수 있는 방법을 배우거나 경험할 기회가 많지 않다는 점이다. 그러니 작은 스트레스에도 민감하게 반응하고 우울하거나 불안한 상태가 된다.

아이가 스트레스나 우울감에서 벗어나게 하려면 어떻게 해야 할까? 아이의 감정을 읽어주고 공감해야 한다. "도윤이가 친구랑 놀고 싶었구나. 그래서 친구를 부르고 싶어서 손으로 잡았는데 친구가 아프다고 해서 속상했구나.", "병민이의 블록을 친구가 부숴서 화가 났구나. 그래서 재성이를 때렸구나." 또는 "혜빈이가 엄마랑 같이 있고 싶었구나. 그런데 엄마랑 같이 있지 못해서 속상했구나." 등 아이의 마음을 읽어주는 것이 내면이 단단한 아이로 자라게 하는 첫 발걸음이다.

엄마의 적절한 공감과 지지 속에서 단단해지는 내면이 바로 자존감이다. 자존감은 '스스로를 굳세게 믿는 마음'이다. 자존감의 두 가지 핵심은 자신에 대한 가치, 즉 '나는 다른 사람의 사랑과 관심을 받을 만한 사람'이라는 생각이다. 그리고 자신감은 '나는 주어진 일을 잘해낼 수 있다'고 믿는 것이다. 자신의 감정에 대해 긍정적인 공감을 받은 아이는 현재의 자기 모습을 그대로 받아들여 긍정하고, 사랑하며 존중하는 마음을 갖게 된다. 따라서 자신이 '사랑받을 만한 가치가 있는 소중한 존재'이며, 자기 자신을 가치 있고 '괜찮은 사람'으로 평가하는 마음이 싹트게 되는 것이다.

보통 자존감은 만 2세부터 7세까지 부모의 양육 태도를 통해 그 뿌리가 형성된다. 평소 부모가 아이를 존중하고 사랑스러운 눈빛을 보낼 때 아이는 스스로 존중받음을 느끼고 자존감도 생긴다. 부모가 아이를 존중해주느냐 아니냐는 아이의 자아 개념과 자기 고집이 생기는 2~3세 전후로 드러난다. 물론 처음부터 '나는 자녀를 존중하지 않겠다!'라고 결심하는 부모는 없을 것이다.

아이가 위험해질까 불안해서 또는 아이가 어지르면 귀찮으니까 아이를 통제하는 것이다. 아이에게 건네는 말은 "안 돼.", "떠들지 마라.", "뛰지 마라." 등 대부분 부정문과 명령문이다. "방금 네가 했던 건 잘못된 행동이야.", "엄마가 그러지 말라고 했어, 안 했어? 왜 네 마음대로 행동해?"라고 끊임없이 지적한다. 그리고 "엄마 말대로 해.", "넌 어차피 모르잖아. 엄마가 다 알려준다니깐? 엄마가 하라는 대로 해."라며 아이에게 엄마의 생각을 강요한다. 엄마의 행동으로 인해 아이는 자신의 행동에 자신감이 없어진다. 또 자신의 능력과 가치를 확신할 기회를 갖지 못하고 부모에 대한 의존도가 높아진다.

그러므로 아이의 행동의 허용 범위를 넓히는 것이 필요하다. 누군가에게 피해를 입히거나 스스로 위험해지지 않는 일이라면 해보게 한다. 놀이터에서 뒹굴어도 괜찮고 쓰레기통을 뒤져도 괜찮다. 그 가운데 아이는 위험 대처 능력과 상황 판단력을 기르고 호기심을 충족하며 자존감을 유지한다. 저지해야 할 일은 무작정 막지 말고 이유와 대안을 알려줘야 한다.

자존감이 높은 아이는 긍정적이고 문제해결 능력이 탁월하며 자신에 대한 믿음이 높다. 그리고 자신이 한 선택에 대해 책임질 줄 알며 그 책임을 회피하지 않는다. 그런 아이들은 무엇인가를 선택할 때도 망설임이 없으며 선택에 대한 후회가 없다. 그렇기 때문에 자존감이 높은 아이들 중에는 스스로 행복하다고 여기는 아이들이 많다.

자존감은 자신을 얼마나 괜찮은 사람으로 여기느냐에 달렸다. 자존감은 성공의 결과가 아니라 행복의 원인이다. 자존감은 외모가 뛰어나다고 생기는 것도 아니고, 성공했다거나 부자가 된다고 해서 얻을 수 있는 것도 아니다. 오히려 낮은 자리에서도 스스로를 당당하게 여기는 마음이 자존감이다.

자존감은 엄마의 적절한 공감 외에도 스스로 크고 작은 문제들을 해결할 수 있다. 자신에게 닥친 문제들을 스스로 해결할 수 있고, 자신에게 믿음으로도 향상된다. 문제를 해결할 수 있다는 신념은 스스로를 더 독립적이고 안정적으로 만든다. 공감이라는 벽돌을 차곡차곡 쌓아서 스스로에 대한 믿음을 키우며 자존감이라는 멋진 집을 지은 아이는 그 안에서 행복을 키워나간다.

마음이 단단한 아이가 행복하다. 자존감이 낮고 자신에 대한 신념이 부족한 아이는 행복을 움켜쥘 수 없다. 오히려 자신에게 오는 행복도 놓친다. 아이가 행복하길 바란다면 아이의 감정에 공감해주고 마음이 단단한 아이가 되도록 자존감을 길러주어야 한다.

## 02 감정을 다스리는 아이가 '회복탄력성'이 높다

이성이 인간을 만들어낸다고 하면,
감정은 인간을 이끌어간다.
- 루소

사람들은 자신의 건강을 위해서 운동을 한다. 운동을 통해 근육을 기르고 몸이 튼튼해지도록 다양한 영양제를 먹는다. 그리고 운동하는 사람을 주위에서는 격려하고 긍정적으로 바라본다. '회복탄력성'은 몸으로 치면 근육이다. '회복탄력성'으로 인해 마음이 지탱되는 것이다.

사람들은 몸의 근육을 키우는 것은 중요하게 여기지만, 마음의 근육을 키우는 것은 미처 생각하지 못한다. 그리고 대수롭지 않게 여긴다. 마치 마음은 그냥 두면 성장하는 것처럼 생각하기도 하고, 그런 것에 신경 쓰는 것을 쓸데없는 일로 여긴다. 그러나 '회복탄력성'은 인생을 크게 변화시키며, 삶의 질까지 좌우한다.

'회복탄력성'은 감정을 다스릴 때 높아진다. 힘든 상황, 어려운 환경에서 스스로 감정을 통제해 긍정적으로 받아들일 때 '회복탄력성'이 길러진다. 감정을 다스려 '회복탄력성'이 높은 아이들은 역경을 극복해내고 어려운 상황까지 자신의 편으로 만든다. 하지만 감정을 다스리지 못하고 '회복탄력성'이 떨어지는 아이는 좌절을 느끼고 실패에서 일어나지 못한다.

보미는 다른 아이에게 지거나 혼나는 것을 잘 참지 못한다. 무슨 일이든 잘해서 칭찬만 받고 싶은 욕심이 많기 때문이다. 어쩌다가 잘못한 일로 혼이라도 나면 금세 얼굴 표정이 바뀌어서 조용히 방으로 들어가버린다. 속상함이 풀리는 데도 시간이 한참 걸린다. 이에 반해 윤희는 엄마에게 혼이 나도 언제 그랬나 싶게 바로 다가와서 안긴다.

얼마 전 욕조에 물을 받아 둘이 함께 물놀이를 시켰다. 서로 자리가 좁다고 하더니 곧 장난감 때문에 싸우기 시작했다. 엄마는 아이들의 목소리를 한참 동안 듣고 있다가 싸움이 더 커질 것 같아서 중재에 나섰다.

"보미야, 욕조에서는 잠수를 할 수 없잖아. 너 혼자만 있는 게 아니라 동생도 같이 있어. 잠수를 하면 좁지. 그냥 앉아서 물놀이만

해. 그리고 윤희는 언니가 싫어하니까 언니한테 물 뿌리는 거 하지 마. 그래도 계속 싸우면 물놀이 그만하고 나와야 해."

엄마의 단호한 말에 윤희는 "네, 알겠어요."라고 장난스럽게 대답했다. 하지만 보미는 얼굴이 굳어지더니 "나 그만할 거야. 씻고 나갈 거야." 하며 욕조에서 나왔다. 늘 칭찬만 받다가 엄마가 웃지도 않고 단호하게 말하니 속이 상했던 것이다.

이후 엄마는 보미가 스스로 할 수 있는 일은 스스로 하도록 했다. 그리고 사람은 누구나 실수를 하거나 실패를 할 수 있으므로 낙심해선 안 된다는 이야기를 자주 했다. 위인전 그림책을 보여주기도 하고 실생활에서 예를 들며 이야기를 나누었다. 엄마의 노력 덕분이었는지 보미는 차츰 변하기 시작했다. 부모에게 혼이 나도 안 좋은 기분을 금세 털어버렸다. 자신의 실수나 실패도 제법 잘 받아들였다. 그러면서 하려고 한 일이 잘 안 되었을 때 "엄마, 포기하지 마. 다음엔 더 잘할 수 있어."라며 오히려 엄마를 격려하기도 했다.

고무공은 손가락으로 누르면 들어갔다가 다시 튀어나온다. 탄력성이 좋은 고무공은 다시 튀어나오는 속도도 빠르다. 고무공이 아이의 마음이라면 손가락은 시련이다. 시련을 겪어도 아이의 마음이 금방 회복되는 성질이 바로 '회복탄력성'이다.

'회복탄력성'이란 쉽게 말해 마음의 근육이다. 아이가 자랄수록

'회복탄력성'은 중요하다. 아이가 성장할수록 힘든 일도 점점 늘어나기 때문이다. 이때 힘든 일에 실패한 아이가 좌절하지 않고 시련을 떨치고 다시 일어나야 성장할 수 있고 성숙해질 수 있다.

'회복탄력성'을 키워 시련을 이겨내야만 성공적인 삶, 행복한 인생을 만들 수 있다. 많은 위인들과 성공한 사람들은 '회복탄력성'이 높다는 공통점을 가지고 있다. 그러니 지금부터라도 시련을 이겨내는 힘, 마음의 근육, '회복탄력성'을 길러야 한다. '회복탄력성'이 떨어질수록 실패나 시련에 대한 면역력이 떨어지면서 다시 일어서기 힘들어진다.

발달심리학 박사이자 임상심리학자인 디디에 플뢰는 저서 《아이의 회복탄력성》에서 '회복탄력성'이 높은 아이들은 다음과 같은 일곱 가지 특징이 있다고 말한다.

첫째, 어른과 똑같이 행동하려고 하지 않는다.
둘째, 자신의 감정을 솔직하게 표현한다.
셋째, 자존감이 높다. 매사를 긍정적으로 받아들인다.
넷째, 작고 사소한 것에 감사한다.
다섯째, 처음 시도하는 일도 과감하게 도전한다.
여섯째, 자신이 무엇을 잘하는지 발견하고 계발하기 위해 노력한다.
일곱째, 다른 사람들의 행동을 따라 하기보다는 창의적인 일을 한다.

'회복탄력성'이 높은 아이를 둔 부모들에게는 어떤 특징들이 있을까? '회복탄력성'이 높은 아이를 둔 부모들에게는 다음과 같은 특징이 있다.

첫째, 일관성을 가지고 아이를 양육한다.
둘째, 허용과 통제의 적절한 균형을 유지한다.
셋째, 아이에게 시련과 좌절을 경험하게 한다.
넷째, 아이가 무언가에 도전하도록 적극 지지해준다.
다섯째, 아이 스스로 선택하고 경험하게 하고, 그 결과를 스스로 책임지도록 기다린다.
여섯째, 아이의 행동에 격려와 칭찬을 아끼지 않는다.
일곱째, 자녀에게 부모가 권위자라는 것을 가르침으로써 관계에는 수직적인 부분이 있다는 사실을 일깨워준다.

앞의 일곱 가지 특징을 한마디로 말하면, 아이를 너무 풀어주기보다는 적절한 강도로 엄하게 가르치는 것이다. 내 아이를 제대로 사랑하는 방법은 아이를 최대한 편하게 해주는 것이 아니다. 오히려 그 반대다. 아이가 힘들어하더라도 혼자서 할 수 있도록 해야 한다. 어려서부터 실패도 해보고, 시행착오도 겪으면서 '회복탄력성'을 높이도록 해야 한다.

아이가 아무리 성적이 높고 똑똑하다고 해도 살다 보면 예기치 못한 시련과 좌절을 만나게 된다. 이때 꿋꿋하게 일어나 자신의 길을 걸어가느냐, 포기하느냐에 따라 행복과 불행이 갈린다. 내 아이가 행복하고 성공하는 인생을 살기 바란다면 지금부터 마음의 근육, 회복탄력성을 높여야 한다.

    평생 아이를 도와줄 수는 없다. 어릴 때는 부모의 품에서 지냈지만 일정 나이가 지나면 사회에 나가 아이 혼자 부딪치며 살아야 한다. 그럴 때 부모에게 의존하며 '회복탄력성'이 떨어지는 아이는 그렇지 않은 아이와 비교했을 때 문제해결에 대처하는 방법도 다르고 결과도 다르다. 전자는 사회에 적응하지 못하고 힘든 삶을 살게 될 확률이 높지만 후자는 자신의 삶을 스스로 개척할 수 있다.
    내 아이가 자신의 잠재력을 발휘하면서 살기 바라는가? 그렇다면 아이가 자신의 일은 스스로 할 수 있도록 키워라. 아이를 진정으로 사랑하는 방법은 부모가 아이 스스로 감정을 다스릴 수 있도록 가르치는 것이다. 자신의 삶을 통해서 '회복탄력성'을 높인 아이는 더욱 정신이 건강하고 행복한 아이로 자랄 것이다.

## 03 엄마의 믿음이 아이를 성장시킨다

믿음은 산산조각 난 세상을 빛으로 나오게 하는 힘이다.
― 헬렌 켈러

심리학자이자 철학자이며 하버드대학교의 교수였던 윌리엄 제임스는 다음과 같은 말을 했다.

"몸의 행동은 내적 생각의 외적 발현이다. 당신은 당신 속에서 보는 것을 당신 밖에서도 얻는다."

이 말의 의미가 당신에게는 어떻게 다가오는가? 어떤 말처럼 생각되는가?

모든 행동은 정신에서 시작된다. 내가 이성적으로 알고 있는 것이 어떤 것이든 내가 중요하게 생각하는 것, 내가 원하는 것, 내가 하고자 하는 것에 대한 마음의 움직임이 몸의 움직임으로 표현되는 것이다. 나는 의도치 않았더라도 무의식 속에 잠재된 마음이 나도 모르게 행동으로 발현되기도 한다.

이는 아이를 바라보는 것에도 해당된다. 부모가 생각하는 것, 부모가 바라는 것, 부모가 아이를 통해 보고 있는 것 등 모든 의식은 부모도 모르는 사이에 행동으로 표현된다. 아이를 향한 믿음도 마찬가지다. 다양한 의식 사이에서 아이를 향한 믿음도 다양하게 표출된다.

생각은 시선이다. 어떻게 아이를 생각하는가에 따라 아이를 바라보는 시선도 달라진다. 믿음을 담은 시선 속에는 아이를 향한 믿음이 담긴다. 그러나 불신을 담은 시선 속에는 아이를 향한 불신이 담긴다.

같은 아이라도 부모의 생각, 믿음에 따라 아이에게 표현하는 행동이 달라진다. 과연 나는 내 아이에 대해 얼마나 알고 있을까. 얼마나 믿음을 가지고 바라보고 있을까. 부모는 아이가 성취할 수 있는 최선의 가능성을 봐야 한다.

어떤 아이는 성공하고 어떤 아이는 실패하게 하는 마법 따위는 없다. 흔히 '성공한 사람들'은 '내 아이가 잘 자랄 것'이라고 믿는 부모 밑에서 '나는 잘 자라고 있다'고 믿는다. 그래서 '잘 자란 것'이다. 반대로 '실패한 사람들'은 '내 아이는 못 해'라고 생각하는 부모 밑에서 '나는 못 해'라는 생각을 하며 자라서 '실패한 사람'이 된다.

'믿는다'는 말은 쉽게 선택할 수 있는 말이지만 동시에 무거운 책임이 따른다. 어느 길이든 자신이 선택하고 거기에 따르는 책임을 지는 것은 모든 사회성의 기초다. 자신의 선택에 대해 책임을 질 때 비로소 '믿음'이라는 울타리를 만들 수 있다.

'믿음'이란 적금과 같은 것이다. 믿음에는 요령이나 지름길이 없다. 사람들 중에는 적금을 넣는 사람을 미련하다고 하기도 한다. 하지만 때로는 미련해 보이더라도 그것이 답일 때가 있다. 불신 사회에는 믿음이 없다. 믿음은 하루아침에 형성되지 않는다.

늑대가 나온다는 거짓말을 반복하다 결국은 아무도 믿어주지 않았던 양치기 소년을 기억하는가. 믿음은 책임을 다해 여러 번 쌓아야 형성된다. 적금을 넣듯이 매일 조금씩 하루하루 쌓아가다 보면 어느새 산처럼 쌓여 있는 '믿음'을 보게 될 것이다.

인생에는 수비와 공격이라는 두 축이 존재한다. 리스크 예방을 위한 대비라는 '수비'가 있는 반면, 인생을 적극적으로 개척하고 도전하는 '공격'이 있다. 방어만 하다가는 적절한 시기에 인생을 발전시킬 수 없다. 인생이 너무 소극적으로 기우는 것이다. 그런 인생은 후회로 끝난다. '그때 그렇게 할걸', '이때 이렇게 할걸', '내가 왜 그랬을까?', '다시 시간을 되돌릴 수 있다면……'이라고 후회해도 시간은 돌아오지 않는다.

도전하지 않으면 주어진 환경대로만 생각하게 된다. 이럴 때 가장 중요한 것이 자신에 대한 믿음과 부모의 자녀에 대한 믿음이다. 믿음이야말로 사막에서도 전진할 수 있게 하는 힘이다. 사방이 모래로 가득 차 있는 사막에서는 한 번의 선택이 목숨을 좌우한다. 그럴 때 망설이기만 하는 사람은 뜨거운 햇볕 아래에서 죽는다. 그러나 자신에 대한 믿음이 충만한 사람은 두려움을 이겨내고 앞으로 나아간다. 설령 그것이 어떤 선택이든지 간에 책임을 질 마음의 준비가 되어 있다.

아이들은 부모가 믿는 만큼 성장한다. 주문처럼 계속 믿음의 말을 주입시킬 필요가 있는 것이다. 어려운 상황을 슬기롭게 극복했던 성공한 사람들의 경우, 그 어려운 시기를 넘길 수 있게 해준 힘이 어머니의 믿음이었다고 고백한다. 힘든 상황 속에서 부모의 역할은 믿고 기다려주고 인내하는 것이었다. 억만금의 돈을 준 것도 아니고, 인맥을 이용해 이리저리 도와준 것도 아니다. 오직 '믿음' 하나로 자녀의 뒤를 든든하게 받쳐주었다.

"넌 멋져!", "그래, 할 수 있어!", "참 좋은 생각이야!", "기대가 되는구나!", "정말 많이 노력했구나. 장하다!", "포기하지 않고 끝까지 해냈구나! 그런 네가 자랑스럽다.", "넌 소중한 아이야.", "엄마, 아빠는 너와 함께 있을 때 참 행복하단다.", "너를 믿어!", "너라면 해낼 거야!", "괜찮아.", "그 일을 하기 위해서 네가 얼마나 힘들었는지 알고 있단다." 같은 말들을 아이에게 얼마나 자주 해보았는가.

아이는 이런 말을 들을 때 마음의 심지가 생긴다. 심지가 있는 사람은 실패하더라도 다시 일어난다. '회복탄력성'도 빠르다. 자신을 믿기 때문에 다시 끈기 있게 도전하는 것이다. 스스로에 대한 믿음은 자신을 가치 있는 사람으로 본다는 의미다. 그런 사람은 작은 실패를 통해 더 단단한 사람으로 만들어진다.

실패를 통해 단단해진 사람에게는 더 큰 실패를 했을 때 일어설 힘이 있다. 그러나 작은 실패에도 좌절하는 사람은 큰 실패가 왔을 때 태풍 앞의 낙엽처럼 쓰러진다. 앞으로 나아가지 못한다. 행복한 미래를 상상하지 못한다.

자신의 내면에 믿음이 있는 아이는 주위에 신뢰감을 준다. 자신에 대한 믿음이 주위에 전파되는 것이다. 자신이 한 선택에 대해 책임지는 사람, 다른 사람을 믿어주는 사람, 인내심을 가지고 미래를 설계하는 사람, 행복한 미래에 대한 확신을 가진 사람. 바로 이런 사람들이 내면에 믿음을 간직한 사람의 모습이다. 이것이 내 아이의 모습이라고 생각해보라. 아이의 주변에는 아이를 믿어주고 사랑하는 사람들이 있을 것이다.

부모에게 믿음을 배우지 못한 아이는 믿음을 모른다. 부모가 만날 밥 먹듯 약속을 저버린다면 아이도 타인에 대해 믿음을 갖지 못한다. 기분에 따라 헷갈리게 하는 부모라면 아이는 자신의 기분도 제어하지 못한다. 일관성 없는 부모라면 아이는 미래에 대한 불안으로 세상을 두려워한다. 기다리지 못하는 부모라면 아이는 긴장해 실수를 많이 하게 된다. 그리고 자신을 못난 사람이라고 여기게 된다. 평가에만 연연하는 부모라면 아이는 자신을 사랑하지 못한다. 일희일비하는 부모라면 아이는 눈앞의 작은 것에만 연연하게 된다. 즉흥적이거나 일시적으로 판단을 내리는 부모의 아이에게서는 믿음의 싹이 자라지 못한다.

부모는 자신이 한 말에 대해 불리하더라도 책임을 져야 한다. 어떤 상황에서도 아이와의 약속은 반드시 지켜야 한다. 그리고 결과가 없더라도 아이를 기다려야 한다. 과정에 인내를 엮어 일희일비하지 않아야 한다. 그래야 믿음이란 것이 무엇인지 아이가 배운다. 부모로부터 믿음을 배운 아이는 자신의 삶에도 믿음을 만든다. 그리고 부모가 자신에게 했던 것처럼 스스로 믿음을 지키려고 한다.

행복은 스스로 선택한 삶에 대해 얼마나 만족하며 행복해하는가에 달렸다. 남이 알려주는 행복은 진정한 행복이 아니다. 아이 스스로 자신의 행복이 무엇인지 알 때 비로소 행복해진다. 부모가 신뢰하는 아이는 결국 행복한 길을 찾는다.

## 04 마음이 흔들리지 않는 아이가 리더가 된다

리더는 사람들을 타성에서 벗어나게 해주는 사람이다.
— 로사베스 칸터

내가 맡았던 아이들 중 민욱이는 인지능력도 뛰어나고 인성도 바른 아이였다. 아직은 어려서 가끔 교실을 뛰어다니며 시끄럽게 할 때도 있었지만 평소 질서를 잘 지키려 노력했다. 그런데 그런 민욱이에게서 가끔 안타까운 점이 보이곤 했다.

하루는 아이를 하원시킨 뒤 얼마 지나지 않아 민욱이의 엄마가 교실로 찾아왔다. 예고 없는 방문이라 무슨 일인지 여쭤보니, 민욱이가 자신을 보자마자 울었다고 한다. 이유를 물어보니 같은 반 남자아이인 진환이가 민욱이의 배를 주먹으로 세게 때렸기 때문이라고 했다. 엄마는 아이가 울면서 하는 말을 듣고 속상한 마음에 바로 담임을 찾아올 수밖에 없었던 것이다. 민욱이의 엄마는 평소 진환이가 자주 자신의 아이를 괴롭힌다고 했다. 그로 인해 민욱이도 힘들어한다고 했다. 민욱이의 엄마에게 내일 아이들을 관심 있게 지켜보고 자세한 상황을 알아본 뒤 해결책을 마련하겠다고 말했다.

다음 날, 아이들을 불러 상황을 알아보니 민욱이와 진환이는 서로 툭툭 치며 가볍게 장난을 쳤다. 그런데 그 과정에서 진환이가 민욱이의 배를 세게 때린 모양이었다. 집으로 데려다주는 어린이집 차량에서 일어난 일이라 내가 몰랐던 것이다. 이런 경우 민욱이가 바로 차량 담당 선생님에게 말했으면 그 자리에서 선생님의 도움을 받았을지도 모른다. 하지만 민욱이는 진환이에게 맞은 지 얼마 안 되어 바로 차량에서 내렸기 때문에 차량 담당 선생님에게 미처 말하지 못했던 것 같았다.

아이들이 다투었다면 화해시키는 과정에서 선생님은 가급적 개입하지 않는 것이 좋다. 예컨대 교사가 직접 나서서 "네가 잘못했으니까 어서 사과해."라고 시키는 일이 없도록 조심해야 한다. 자칫 그 과정에서 억울한 아이가 생길 수 있기 때문이다. 또 이런 과정에서도 아이들이 스스로 자기 생각을 표현하도록 하는 것이 좋다.

이런 상황에서는 때린 아이에게 왜 친구를 때렸는지 물어보고 상황을 먼저 파악한다. 그 후 "민욱이랑 진환이가 장난치다가 그랬구나. 그런데 진환아, 치는 사람과 받는 사람 모두가 재미있는 게 장난이란다. 그런데 세게 맞은 민욱이는 기분이 어땠을까?"라고 때린 아이에게 맞은 아이의 기분을 생각하게 한다. 그리고 맞은 아이가 때린 아이에게 "네가 내 배를 세게 때려서 속상하고 기분이 나빴어."라고 직접 이야기하게 한다. 그리고 때린 아이에게 "민욱이가 진환이에게 배를 맞아서 속상하고 기분이 나빴구나. 그럼 진환이는 민욱이에게 어떤 말을 해주고 싶니?"라고 물어본다. 아이가 "미안해."라는 틀에 박힌 말보다는 "내가 배를 세게 때려서 속상하고 기분이 나빴구나. 장난인데 내가 너를 너무 세게 때렸나 봐. 다음부터는 조심할게. 정말 미안해."라고 진심을 담아 구체적으로 사과하도록 유도한다.

물론 처음부터 이렇게 자기생각을 표현하는 것이 잘되지는 않는다. 그러나 반복적으로 같은 상황을 경험하고 친구가 하는 것을 보면 사과하는 친구가 왜 미안해해야 하고 사과해야 하는지 정확한 이유를 생각할 수 있게 된다. 또 사과받는 친구도 속상한 점을 친구에게 표현할 수 있고 진심이 담긴 사과를 받을 수 있다. 그래서 그 과정에서 자연스럽게 마음이 풀리는 경우가 많다.

그런데 민욱이는 교사가 자기편에서 도와주고 있음에도 속상한 마음을 잘 표현하지 못하고 머뭇거리고만 있었다. 그래서 "민욱아, 네가 이런 점 때문에 속상했으니까 진환이에게 난 이래서 기분이 안 좋았어, 라고 얘기해보렴." 하며 할 말을 알려줘도 민욱이는 진환이의 눈을 바라보지도 못한 채 아주 작은 목소리로 속

삭일 뿐이었다.

평소 민욱이는 자기 의사를 당당하게 표현하지 못한 채 당하고만 있거나 선생님에게 도움을 청하지도 못했다. 그리고 친구의 눈을 똑바로 쳐다보지도 못했다. 짝꿍이 필통에 있는 연필이나 지우개를 가져갔을 때도 돌려달라고 말하지 못하는 경우가 있었다. 돌려달라는 말을 할 때도 작은 목소리로 "내 지우개 줘."라고 한두 번 이야기하다가 돌려주지 않으면 포기하고 만다. 그러다가 집에 가서 엄마에게 그런 이야기를 하거나 그마저도 하지 않고 혼자 조용히 삭이는 경우도 있다. 이런 아이들은 대체로 자존감이 낮다. 혹시나 내 아이가 이런 유형은 아닌지 유심히 살펴보아야 한다. 집에서는 엄마를 포함한 가족 모두가 내 편이기 때문에 큰 목소리로 당당하게 자기주장을 펼 수 있다. 하지만 단체생활에서 아이의 성격은 전혀 다른 방식으로 표현되기도 한다.

민욱이 역시 집에서는 자신이 원하는 대로 되지 않으면 고집을 부리기도 한다. 그리고 동생에게 짓궂은 장난을 치기도 하는 평범한 오빠다. 그러나 엄마가 간섭을 많이 하다 보니 민욱이는 어느새 자신의 의견을 말하기가 어려워졌다. 잠시 고집을 부리다가도 엄마가 무서운 표정을 지으며 한마디 하면 민욱이는 금방 순종적인 아들로 돌아오곤 했다.

어른의 눈으로 보면 아무것도 아닌 일일 수도 있다. 하지만 아이는 스스로 해냈다는 뿌듯함과 자신감에 눈빛은 살아난다. 아이가 무슨 일이든 자신의 힘으로 할 때는 그에 따른 부작용이 생길 수도 있다. 예를 들어, 집 안이 마구 어질러지고, 시간이 오래 걸리고, 결국 실패해서 속상할 수도 있다. 그러나 어설프더라도 아이에게 스스로 할 수 있는 기회를 주어야 한다.

작은 성취감이 자신감을 키운다. 작지만 소중한 성공 경험이 모이고 모여 나도 할 수 있다는 자신감이 쌓인다. 이 자신감을 바탕으로 스스로를 인정하고 사랑하게 되며 세상을 살아갈 힘을 얻는다. 이것이 바로 실패를 딛고 일어서게 하는 힘이다. 즉 아이에게 꼭 필요한 자존감이다.

자존감이 높은 아이는 자신에 대한 믿음이 있기 때문에 마음이 흔들리지 않는다. 100년을 산 소나무처럼 자신의 생각을 관철시키기 위해 노력한다. 그런 아이는 주위 친구들에게 신뢰를 얻고 다른 친구들과 함께 나아가는 리더가 된다.

갈수록 나라의 경제가 안 좋아지고 있다. 호황기에는 리더도 힘이 넘친다. 리더십이 부족해도 '돈'과 '승진'은 구성원의 동기를 반짝 끌어낼 수 있다. 반면 침체기에는 당장 신입직원조차 잘려나가는 것을 바라보며 살아남은 사람이나 사라지는 사람이나 '조직의 비정함'을 체감한다. 이런 상황에서 그 어느 때보다도 성과를 내야 하니 리더들의 시름이 깊어간다.

리더십은 업종, 규모, 시기 등 총체적 상황에 맞아야 한다. 과거 호황기에 잘 되었다고 해서 그때의 성공 리더십 경험을 재현했다가는 난감하게 되기 쉽다. 최근 리더에게 최고의 실천 과제는 인간 존중의 '3자 리더십'이다. 요컨대 구성원의 자존감과 자부심, 자기주도성을 불러일으키는 리더만이 성과를 낼 수 있다.

진정한 리더십의 요체는 자신과 함께하는 사람들이 자기주도적으로 일하게 하는 것이다. 단, 상황에 따라 방법은 달라진다. 호황기에는 성공이라는 동기를 부여했다면, 침체기에는 성장이 주요 핵심이다. 비록 비정한 생존경쟁의 사회이지만 그럴수록 '성장'은 공동의 발판이 된다. 현재 있는 곳이든, 새롭게 시작한 곳이든 개인의 자산은 역량이다. 회사를 위해 일하는 것이 아니라 자신을 위해 일한다는 것을 몸으로 깨달아야 자기주도성을 발휘할 수 있다.

침체기에 리더십의 조건은 자부심이다. '지금 먹고살기도 빠듯한데 자부심은 무슨', '그런 것보다 월급이나 올려주지?'라는 생각을 하기 쉽지만 어려울 때일수록 버티게 해주는 힘은 '내가 존중받고 있다는 자존감'과 '내가 존중받을 만한 일을 하고 있다는 자부심'이다.

한창 이슈화되었던 아동학대 사건으로 인해 현재 어린이집에서 일하는 많은 교사들이 CCTV 앞에서 24시간 감시당하며 예비범죄자 취급을 받는다. 그들은 사건이 이슈화되기 전에 비해 훨씬 자존감이 떨어졌다고 말한다. 그리고 어떤 교사는 다른 곳에 가서 자신이 어린이집 교사라는 사실을 숨긴다고 한다. 그러다 보니 연수를 가거나 견학을 갔을 때 전체적으로 교사들이 침체되어 있는 원이 있다. 그러나 그 안에서도 서로 격려와 칭찬을 통해 자존감과 자부심을 가지고 발전하는 원이 있다. 자존감과 자부심의 효과는 비단 교사뿐만 아니라 주부, 직장인 심지어 아이에게도 해당된다.

1988년 미국 전당대회에서 마이클 듀카키스와 부시 사이에 논쟁이 붙었다. 하버드 법대 출신인 듀카키스가 부시를 놀렸다. "이 선거는 이데올로기에 대한 것이 아닙니다. 이 선거는 능력에 대한 것입니다." 이에 대해 부시는 다음과 같이 반박했다. "능력은 기차를 제시간에 가게 만들지만, 기차는 자신이 어디로 가고 있는지 알지 못합니다." 결과는 우리도 알다시피 부시의 승리였다. 중요한 것은 능력이 아니라 우리가 어디로 가고 있는지를 알아야 한다는 것이다. '하라면 해'가 아니라 종점이 아닌 목적지를 찾아야 한다. 그리고 어디로 왜 가야 하는지 설명하고 방법을 모색해야 한다. 성과에 쫓긴 나머지 수치만 중시하고, 일의 의미를 알려주지 않은 채 달릴 것만 강요하면 기차는 어디로 내달릴지 모르고 궤도를 이탈한다. 자존감과 자부심은 저절로 생기는 것이 아니다.

흔히 리더십이 있는 아이가 성공한다고 말한다. 이 리더십은 무엇을 말하는 것일까? 자신의 삶을 스스로 꾸려나가고 다른 사람들을 배려할 줄 아는 것을 리더십이라고 할 수 있을 것이다. 결국 스스로가 삶의 주체가 되어 사는 것을 말한다. 이런 리더십은 학교나 학원에서 배울 수 있는 것이 아니다. 집에서 자연스럽게 가족들과 함께, 또는 유치원이나 어린이집과 같은 일상생활 속에서 습관으로 길러지는 것이다. 특히 도덕성과 사회성이 발달하는 만 3~5세, 유아기가 바로 리더십을 기를 수 있는 적기다.

아이는 준비물 챙기기, 혼자 씻기, 방 정리하기 등 일상생활에서 자신이 충분히 할 수 있는 일을 통해 성취감을 느끼고 더 나아가 자신의 인생을 이끌어나갈 수 있는 힘을 기른다. 일상 속 작은 성취감을 통해 자존감을 높인 아이는 다른 친구의 자존감도 일깨워줄 수 있다. 자신이 스스로 경험했기에 흔들리지 않는 마음을 바탕으로 리더십을 발휘할 수 있다.

## 05 내 아이를 위한 감정 공부를 하라

세상은 고통으로 가득하지만,
그것을 극복하는 사람들도 가득하다.
— 헬렌 켈러

아이를 키우는 엄마라면 누구나 좋은 엄마가 되고 싶어 한다. 그러나 좋은 엄마가 되는 일이 말처럼 쉽지만은 않다. 아이의 입장에서 보았을 때 좋은 엄마란 과연 어떤 엄마일까? 갖고 싶은 장난감이라면 무엇이든 다 사 주는 엄마일까? 아니면 공부하라는 잔소리를 하지 않는 엄마일까? 아무래도 아이에게 가장 좋은 엄마는 자신을 있는 모습 그대로 사랑하고 어떤 경우에도 두 팔 벌려 따뜻하게 안아주는 엄마일 것이다.

그러나 세상 사람들이 말하는 좋은 엄마의 기준은 다르다. 자신의 삶을 온전히 희생해서라도 아이를 최고의 사람으로 키우는 엄마를 '좋은 엄마'라고 평가하는 것 같다. 예를 들어, 아이의 교육 연령에 맞게 문화센터의 창의력 수업이나 퍼포먼스 수업을 꼼꼼하게 챙겨주는 엄마, 다른 곳에 쓸 돈을 아껴서 비싼 과외나 학원에 보내주는 엄마, 입시를 위해 어린 유아기 때부터 미리 미술학원이나 음악학원에 보내주고, 아이를 위해 24시간을 대기하는 충실한 매니저 같은 엄마 등이다. 더 나아가 아이가 중·고등학생이 되면 입시정보의 달인이 되어 아이의 진로까지 친절하게 안내해주고 결정해주는 엄마가 최고의 엄마로 평가받는 세상이다.

EBS 프로그램 〈60분 부모의 행복한 육아 편〉에서는 좋은 엄마를 다음 네 가지로 정리한다.

첫째, 아이를 정성스럽게 살피는 다정한 엄마
둘째, 아이가 주도적으로 학습을 해나갈 수 있도록 힘을 키워주고 적기교육을 실시하는 엄마
셋째, 내 아이만이 아니라 주변의 다른 아이들까지 우리 아이로 생각할 줄 아는 대범한 엄마
넷째, 가족과 함께 웃을 줄 아는 행복한 엄마

좋은 엄마란 아이가 어떤 일이 있어도 믿을 수 있는 다정한 엄마일 것이다. 내가 어떤 잘못을 해도 나를 믿어주는 내 편이 있다는

것은 아이에게 그 무엇보다도 든든한 힘이 된다. 말을 물가에 데려갈 수는 있으나 억지로 물을 먹일 수는 없다. 아이가 스스로 학습할 수 있도록 환경을 조성해주는 엄마가 좋은 엄마다. 또 아이가 학습에 흥미를 잃지 않도록 적기교육을 할 줄 아는 엄마가 현명한 엄마다. 아이에게 알맞은 환경을 조성해주면 아이는 잔소리를 하지 않아도 행동한다. 백 마디의 잔소리보다 적절한 환경이 훨씬 효과적이다.

또 아이를 객관적으로 바라보며 키울 수 있도록 엄마 자신부터 대범해질 줄 알아야 한다. 아이를 우물 안 개구리로 키우지 않고 세상을 알려주는 엄마가 좋은 엄마다. 마지막으로 자신의 행복과 가족구성원의 행복을 가장 우선시하는 엄마가 좋은 엄마다. 엄마가 행복해야 가정이 행복하고 아이가 행복하다. 불행한 엄마에게서 행복한 아이는 나올 수 없다. 이상의 네 가지 지혜를 갖춘 엄마라면 확실히 좋은 엄마라고 평가할 수 있을 것이다.

박혜란은 자신의 두 번째 책 《다시 아이를 키운다면》에서 좋은 엄마는 아이의 존재 자체를 사랑하고 고맙게 생각하는 엄마, 아이를 끝까지 믿어주는 엄마, 아이의 말에 귀 기울이는 엄마, 아이와 노는 것을 즐기는 엄마, 아이에게 공동체의 틀을 가르치는 엄마, 아이에게 짜증을 내지 않는 엄마, 아이에게 잔소리를 하지 않으려고 노력하는 엄마라고 말한다. 박혜란은 아이들을 키우는 동안 주변에서 나쁜 엄마라고 손가락질하고 욕해도 굴하지 않고 이런 자신의 뜻을

꿋꿋하게 지켜나갔다.

자신의 인생관이 바로 자녀관이며 교육관이다. 인생관, 자녀관, 교육관을 뚜렷이 세우고 주변으로부터 아무리 세찬 바람이 불어도 흔들리지 않으면 된다. 남들이 어떤 방식으로 아이를 키우는지 지나치게 신경 쓰지 말고, 그저 가볍게 참고만 하면 된다. 자신의 뚜렷한 철학과 교육관에 따라 뚝심 있게 밀고 나가라고 권유하고 싶다. 그것이 좋은 엄마가 되는 지름길이다.

그럼 그 교육관은 어디에 초점을 맞춰야 할까? 바로 감정이다. 감정엔 아이의 감정뿐만 아니라 엄마의 감정도 해당된다. 위에서 말했듯이 좋은 엄마는 행복한 엄마이기도 하다. 그런데 많은 부모들이 자신의 감정에 대해 모른다. 그래서 아이의 감정도 모른다. 막연한 추측은 부모와 아이의 감정을 악화시킬 뿐이다. 정확하게 자신의 감정과 아이의 감정을 살펴야 한다. 그래서 감정 공부가 필요하다. 요즘 시대를 '감정 소비 시대'라고 표현한다. 미디어 매체, 직장, 친구, 동료, 가족 모두에게 감정을 소비한다는 것이다. 내 감정을 여기저기 소비하다 보면 정작 나와 아이의 감정을 돌아볼 여력이 없어진다.

하루에 단 10분이라도 나와 아이의 감정을 돌아보자. 자신에게 5분만 투자하자. 하루 5분씩 나와 아이의 감정을 돌아보고 감정 공부를 한다면 당장은 아니더라도 분명 아이와의 관계에 변화가 나타날 것이다.

감정 공부는 아주 작은 노력에서부터 출발한다. 그것은 바로 자신의 감정을 알아차리는 것이다. 내가 이 상황에서 왜 이런 기분이 들었을까? 어째서 아이에게 그렇게 화를 낸 것일까? 처음에는 짐작이 안 간다. 표면적인 이유만 떠오른다. 그러나 하루 이틀이 지나다 보면 내가 왜 그랬는지, 어째서 그럴 수밖에 없었는지 알게 된다.

감정은 바로 눈앞의 상황만으로 이루어지지 않는다. 아주 어릴 때부터 겪어 온 모든 것들이 지금 이 상황에서 내가 이런 기분이 들도록 만든다. 그래서 따로 내 감정을 돌아보지 않으면 자신의 행동과 기분에 대해 알 수 없다. 그리고 그것은 아이에게도 해당된다. 어른도 자신의 기분을 모르는데 아이라고 알까. 아이는 아직 자신이 느끼는 감정의 이름조차 모른다. 그냥 느끼고 지나간다. 그렇기 때문에 엄마가 아이의 감정을 알아차려야 한다. 그러다 보면 자신의 감정에도 주의를 기울이게 된다.

아이의 감정에 관심을 갖다 보면 알게 되는 것이 있다. 부모는 최선을 다한다고 했지만, 알게 모르게 아이의 감정에 대해서 오랜 시간 동안 간과하거나 억압한 부분이 있다는 것이다. 보통 자신이 그런 행동을 했다는 것 자체를 깨닫지 못하고 넘어가는 경우가 많다. 그리고 나서 아이의 문제행동에만 초점을 맞춰 선생님의 상담을 받거나 주위의 아는 언니나 친구에게 상담을 받고 그래도 안 되면 전문가에게 상담을 받는다.

부모가 먼저 아이의 감정을 알아차리면, 부모의 행동이 변화하고 아이가 변화한다. 아이의 감정에 진심으로 공감하는 것이 첫걸음이다. '내 아이는 이런 상황에서 이런 기분이 드는구나', '우리 유화는 친구와의 갈등 상황에서 이런 기분을 느끼는구나' 등 아이의 감정을 공감했으면 그다음은 그 감정을 해결하는 방법을 함께 찾는 것이다. '친구가 어떻게 했을 때 이런 기분이 들었을까?', '이 상황을 해결하면 그 기분이 없어질까?', '어떻게 하면 행복한 기분이 생길까?' 등 함께 고민하고 방법을 찾아가면 아이는 부모에게 자신의 감정을 인정받고 있다는 생각이 든다.

그리고 부모도 자신의 감정에 솔직해야 한다. 부모는 감정을 숨기면서 아이에게만 솔직할 것을 강요한다면 아이는 거짓 감정을 보이게 된다. 부모에게 보여주기 위한 가짜 감정을 보여주기 시작하면 부모와 아이 사이의 감정의 골은 깊어질 수밖에 없다. 서로를 이해하는 척만 하는 관계는 건강한 관계를 이루지 못한다.

아이와 열린 대화를 하되 아이의 이야기를 들어줘라. 아이는 하고 싶은 말이 많다. 자신의 감정을 말로 표현할 수 있는 연령이 되면 아이는 부모에게 자신의 감정을 표현한다. 그럴 때 공감하면서 많이 들어주고 아이가 공격적인 말을 했을 때도 조금은 인정해준다. 그러면 아이도 자신의 잘못을 인정하면서 공격적인 마음이 서서히 녹아 없어진다. 호감과 존중을 통해 아이의 자존감을 높이는 대화를 한다.

간혹 아이가 부정적인 감정을 표현했을 때 그것을 넘기기에 급급한 부모가 있다. 아이의 슬프고 힘든 감정, 우울하고 속상한 감정

모두 아이에게는 소중한 감정이다. 그러한 감정을 그냥 넘긴다면 아이는 세상에 자신의 편이 하나도 없다고 느끼게 될 것이다. 아이가 부정적인 감정을 표현했을 때는 공감하고 인정한다. "친구가 때려서 많이 아프고 속상했구나.", "친구랑 싸워서 기분이 나빴구나.", "엄마는 너를 사랑하는 마음에서 했던 말이지만, 오히려 엄마의 말을 듣고 화가 났구나.", "지금 너무 속상해서 눈물이 나는구나. 슬플 때는 울어도 괜찮아." 등 아이의 부정적인 감정에 대해 인정하는 말을 해준다. 그러면 아이는 다음에 또 부정적인 감정이 생겼을 때 숨기기보다는 솔직하게 말할 것이다. 그리고 그 부정적인 감정을 어떻게 해결할지 함께 방법을 찾는다면 비슷한 상황이 생겼을 때 긍정적으로 해결할 것이다.

인생은 누구나 처음 산다. 어른이라고 해서 부모로서의 소양을 다 갖추고 시작하는 것이 아니다. 부모도 아이도 모두 초보다. 운전도 처음 시작할 때는 어색하고 불편하고 불안하다. 부모와 아이도 마찬가지다. 부모의 역할과 아이의 역할 모두 초보 운전인 것이다. 그래서 때로는 실수도 하고 넘어지기도 하고 좌절도 겪는다. 그러나 부모와 아이 모두 감정에 대해 더 생각하고 서로 이해해야 한다. 함께 해결하려고 노력한다면 어느새 손발이 잘 맞는 파트너가 되어 있을 것이다.

## 06 아이는 부모의 뒷모습을 보고 자란다

우리의 말보다 우리의 사람됨이 아이에게 훨씬 더 많은 가르침을 준다.
따라서 우리는 우리 아이들에게 바라는 바로 그 모습이어야 한다.
– 조셉 칠튼 피어스

 

시골 의사 박경철은 "아이들은 부모의 뒷모습을 보고 자란다."라고 말했다. 그만큼 가장 가까이에 있는 부모의 영향이 아이에게 중요하다. 따뜻한 주말에 공원을 걷다 보면 앞에서 걸어가는 가족들의 뒷모습을 보게 된다. 엄마 손을 잡고 걷는 아이, 혼자서 열심히 뛰어가는 아이, 그런 아이를 보면서 위험하다고 소리치는 부모 등 다양한 가족들을 본다. 그런데 재미있는 것은 부모와 아이가 걷는 뒷모습이 똑같다는 것이다. 그런 모습을 발견하면 문득 입가에 미소가 지어진다.

나의 아버지는 중년의 남성들이 그렇듯이 팔자걸음으로 걷는다. 나도 어릴 때는 팔자걸음으로 걸었다. 나는 내가 팔자걸음으로 걷는다는 사실도 모르고 있었다. 그러던 어느 날 엄마가 내 뒤에서 "누가 아빠 딸 아니랄까 봐 똑같이 팔자걸음으로 걷는구나."라고 말했다. 이제 막 사춘기가 시작되는 시기였던 터라 그 말이 창피해서 얼굴이 빨개졌다. 그 후에 걸음걸이를 교정하려고 연습했던 기억이 있다.

아이는 걸음걸이 같은 사소한 것에서부터 부모의 말투, 행동, 표정까지 따라 한다. 엄마의 뒷모습은 아이에게는 자신이 나아갈 방향과도 같다. 엄마를 통해 아이는 자신의 미래를 상상한다. 그래서 아직 어린 아이들과 이야기하다 보면 장래희망이 '엄마'인 아이들이 많다. 물론 조금 더 크면 '변호사', '의사', '검사', '교사', '경찰' 등 다양하게 변하지만 그전까지 여자아이들은 엄마, 남자아이들은 아빠가 되고 싶다고 말하는 경우가 많다.

아이들은 부모의 모습뿐만 아니라 부모의 바람과도 닮으려고 노력한다. 내 아이가 더 잘되었으면 하는 바람, 더 성공하길 바라는 바람을 포함해 부모의 바람에 응하고자 노력한다. 그것은 무의식과 의식을 통틀어 부모에게 사랑받고자 하는 마음이 만들어내는 것이다. 마치 처음 사귀기 시작하는 연인들이 서로 공통점을 만들려고 하는 것처럼 아이들도 부모와 같아지려고 한다.

깊이 생각해보면 부모들이 아이에게 바라는 것은 사실 큰 것이 아니다. 그저 아이가 건강하게 자라 행복한 삶을 살아가기 바란다. 하지만 그 바람만을 생각하기엔 현실이 만만치 않다. 초심과는 달리 아이가 잘되길 바라는 마음을 앞세워서 부모의 욕심을 아이에게 강요하게 된다. 그렇다면 바라는 마음과 현실을 조화시키기 위해서 부모에게도 마음을 비우는 연습이 필요할 것이다.

부모는 자신의 아이가 어릴수록 아이의 모든 반응을 신기해하며 주위에 자랑한다. 그리고 아이가 자라 초등학교에 들어가면 희망을 가지고 이른바 대한민국의 일류 명문대를 목표로 교육시킨다. 그 대가로 아이는 부모에게 자신의 꿈을 저당 잡힌다. 아이가 중학교에 올라가고 고등학교에 진학하면서 평범한 부모들은 간절히 아이가 서울 안에 있는 대학이라도 가기를 바란다. 부모로서는 조금 씁쓸한 현실이지만 아이의 현실에 맞게 부모의 기대와 욕심을 비워나가는 것이다. 이것이 아이에게는 여유를 주는 길일 것이다. 또 그 여유가 아이 스스로 자신이 좋아하는 '꿈'을 찾게 하는 열정의 씨앗이 된다. 부모들이 아이에게 해줄 수 있는 선물은 아이를 부모로부터 완전히 독립시켜 자신의 세계로 떠나게 하는 일이다. 아이가 자신만의 인생을 살기 위해서는 부모의 사랑과 배려, 기다림이 필요하다.

뇌 과학자들은 뇌에서 공감능력을 담당하는 '거울신경세포'를 발견했다. '거울신경세포'는 '공감신경세포'라고도 한다. 마치 거울처럼 상대방의 행동을 모방해 복제할 뿐 아니라 타인의 의도를 이해하는 수단이 된다. 이 '공감신경세포'가 있기에 다른 사람의 고통을 마치 자신이 겪은 것처럼 함께 아파할 수 있다고 말한다.

사람이란 자기 속에서 생장하지 않은 것은 무엇이건 오래 갖고 있을 수 없다. 그런데 우리는 뇌 속에 이미 '공감신경세포'를 가지고 있는 것이다. 그것은 곧 다른 사람의 감정을 공감하고 진심으로 다가갈 수 있는 능력을 갖고 태어난다는 것을 의미한다. 그렇다면 이 '거울신경세포'가 발달하지 않을 경우에는 어떻게 될까? 지나치게 자폐적인 사람이 되거나 병적인 자기중심성으로 인해 주변 사람들을 괴롭히는 사람이 된다.

'거울신경세포'는 남자아이보다 여자아이들이 더 많이 발달되어 있다. '거울신경세포'는 생각보다 감정에 더 자극을 받는다. 그래서 여자아이는 엄마가 울고 있을 때 함께 공감하며 울거나 엄마를 위로해준다. 그런데 남자아이는 엄마가 우는 상황을 아는지 모르는지 자신이 하던 것만 계속한다. 그리고 지금 배가 고프니 밥을 달라고 한다.

공감은 인간관계를 더욱 풍성하게 해주는 중요한 요소다. 아이가 감정이 풍부하고 공감할 줄 아는 아이로 자라길 원한다면 엄마가 먼저 긍정적인 감정을 많이 표현하는 것이 중요하다. 아이는 엄마의 모든 것을 온몸으로 기억하기에 엄마의 긍정적인 감정표현은 아이에게 큰 영향을 미친다.

어느 날 부모님의 뒷모습을 보고 그 어깨의 피곤함이 느껴진 적이 있는가? 앞모습은 꾸밀 수 있지만 뒷모습은 꾸미지 못한다. 부모의 뒷모습은 부모의 마음을 아이가 온전히 만나는 통로다. 아이들이 업히기 좋아하는 이유는 등을 통해 엄마와 아빠의 심장소리를 들을 수 있기 때문이다. 아이가 부모의 뒷모습을 어떤 눈으로 바라보는지 알았다면 이제 그 뒷모습에 어떤 것들을 담아서 보여줄지 생각해야 한다.

어떤 아이는 엄마의 뒷모습에서 인생의 고달픔을 느끼고, 또 어떤 아이는 즐거운 인생을 느낄 것이다. 항상 분노가 가득한 엄마는 뒷모습에서부터 분노를 내뿜는다. 그런 부모의 아이는 세상에 대해 공격적인 눈빛을 하고 행동도 거칠다.

엄마의 삶을 통해서 아이는 단순히 배움을 얻는 것이 아니다. 엄마는 아이가 세상의 큰 밑그림을 그릴 수 있도록 도움을 준다. 아이는 엄마의 뒷모습을 보며 자란다. 그것이 엄마의 중요한 역할이기도 하다. 부모는 어떤 뒷모습으로 아이에게 기억이 될지 곰곰이 생각해 보아야 한다.

## 07 아이는 엄마의 감정을 먹고 자란다

사랑에는 한 가지 법칙밖에 없다.
그것은 사랑하는 사람을 행복하게 만드는 것이다.
- 스탕달

"처음에는 정말 잘하고 싶었어요. 매일 육아일기도 쓰고, 아이를 위해서 무엇이든지 해주고 싶었거든요. 그런데 어느 순간 육아에 권태기가 온 건지 아이들의 사소한 행동 하나에도 화를 내고, 작은 실수 하나에도 큰 소리를 지르는 엄마가 되었어요. 혼을 내는 마음이 편하지 않은데도 자꾸 아이들을 혼내게 돼요. 임신했을 때만 해도 아이들의 마음을 먼저 알아주는 엄마가 되고 싶었는데, 마음처럼 쉽지 않네요. 아이들이 자라는 동안 영·유아기의 감정 상태가 얼마나 중요한지 알면서도 조절이 되지 않아요. 그래서 육아서도 찾아보고 위안을 삼으면서 저의 잘못들을 반성하게 되는 것 같아요."

아이를 키우다 보면 처음 아이를 품으며 가졌던 생각은 잊어버리기 쉽다. 분명히 내 배로 낳은 아이인데도 이해하기가 어렵다. 아이와 실랑이를 벌이다 보면 어느새 하루가 지나가고 미처 못 한 집안일까지 끝내고 나면 이미 늦은 밤이다. 잠자기에도 빠듯하다.

아이가 여러 번 말썽을 부리자 더 이상 상냥한 목소리도 나오지 않게 되었다. 그리고 후회하며 "내일은 오늘보다 친절하게 대해야지."라고 다짐한다. 그러나 아침이 오면 전날 후회했던 일들을 반복하기 바쁘다.

대부분의 부모들은 '내가 정말 아이를 제대로 키우고 있는 것일까?', '내가 너무 엄하게 키우고 있는 건 아닐까?', '혹시 나 때문에 우리 애가 소심한 건가?', '우리 아이가 너무 예민한 건가?', '아이는 왜 매일 친구들과 싸우는 것일까?', '다른 아이보다 내 아이가 더 느린 것 같은데, 문제가 있는 건 아닐까?' 등의 생각을 수시로 하게 된다.

아이를 정서적으로 안정되게 잘 키우려면 우선 엄마부터 행복해야 한다. 나도 힘든데 아무도 몰라준다며 아이와 남편을 탓하기보다는 부부가 함께 대화를 나누며 기분전환을 해야 한다. 그리고 아이들을 위한 시간뿐만 아니라 자신을 위한 시간을 갖는다. 자신을 위한 시간을 투자하는 것은 당연한 것이다. 그것에 대해 아이들이나 가족들에게 미안한 마음이나 죄책감을 가질 필요가 없다. 엄마가 행복해야 아이와 감정적 교류를 할 때도 더 기분 좋은 시간을 만들 수 있다.

모든 엄마들은 위대하지만 우리나라에서는 엄마의 희생이 당연시되는 경향이 있다. 그래서 어려운 시절, 자녀들과 남편에게만 맛있는 것을 주고 자신은 남은 반찬만 먹은 엄마의 이야기가 흔하다. 지금도 마트에 가거나 시장에 가면 자신을 위한 것보다는 자녀와 남편을 위한 것들 위주로 구입하는 엄마들을 많이 보게 된다.

그리고 엄마들은 자신의 행복보다 자녀의 행복을 중요하게 생각한다. 이미 문화적, 경제적으로 많은 발전을 이루었음에도 육아휴직은 주로 엄마가 하고 아빠가 육아휴직을 하는 것은 꿈꾸기도 어려운 상황이다. 거기에다 남자는 돈을 벌고 여자는 아이를 키운다는 전통적인 사고방식이 깔려 있기 때문에 개인적인 시간을 갖기란 더욱 어렵다. 그러나 요즘 젊은 세대 엄마들은 예전보다 많이 바뀌었다. 그럼에도 아직까지 취미생활조차 하지 못해서 우울증에 시달리는 엄마들이 많다. 겉보기에는 괜찮아 보여도 맞벌이는 맞벌이대로, 전업주부는 전업주부대로 가슴속에 온갖 감정들을 눌러 담은 채 삶을 살아가고 있다.

특히 한 가정에 아이가 한두 명인 집이 많다 보니 아이에게 작은 상처만 나도 엄마는 죄인이 된다. 사실 아이의 상처에 그 누구보다도 속상하고 마음이 아픈 것은 엄마다. 주위로부터 온갖 이야기를 듣고 나면 얼굴에 상처가 난 아이가 괜히 미워지기도 한다. 그러고는 그런 마음을 가졌던 것에 대해 또 아이에게 미안해한다.

사람들은 엄마도 감정을 가진 사람이라는 것을 잊어버린 것처럼 행동한다. 분명히 다른 사람이 들으면 상처 받을 말인 것을 알면서 '엄마'라는 존재에게는 너무도 쉽게 상처를 주는 말을 내뱉는다. 상처 받은 엄마는 내 상처가 너무 아파서 아이의 상처까지 돌봐주기 힘들다. 돌보려고 노력은 하지만 당장 내 코가 석 자이니 아이의 상처가 눈에 잘 안 들어온다. 그러다 보니 아이에게 바라는 것이 많아진다. 아이에게 무조건 바라기만 할 게 아니라는 것은 안다. 그리고 아이의 속상한 마음을 무조건 혼부터 낼 게 아니라 그 아이의 마음을 보듬어야 한다는 것도 알고 있다. 그러나 엄마의 마음과 행동이 분리가 된다.

'엄마'라는 책임을 내려놓고, '나'라는 존재를 인정하는 것이 중요하다. 그러고 나면 자신에게 필요한 것이 무엇인지 보이게 된다. 보통 '왜 나는 일관성이 없을까?', '왜 나는 기분이 들쭉날쭉할까?', '남들은 일도 하고 집안일도 하고 아이도 잘 키우는데, 나는 왜 이럴까?'라는 죄책감이 잘못된 것만은 아니다. 이런 생각이 충분히 들 수 있다. 세상은 성공한 것을 위주로 보여주기 때문이다.

시중의 육아서들은 보통 이상적인 것을 지향한다. 그리고 영재를 키운 엄마들이 많이 썼다. 그래서 평범한 엄마들이 보면 자괴감이나 포기하고 싶은 마음이 들 수 있다. 하지만 그것이 당연한 것이다.

아무리 이론에 뛰어난 육아박사의 이야기라고 할지라도 현실에서는 다를 수 있다. 우스갯소리로 교사들 사이에서 "교사도 자기 아이는 못 키운다."라는 말이 있다.

아이를 키우다 보면 전문가든, 비전문가든 실패하기도 하고 작은 성공에 기뻐하기도 한다. 그리고 좌절감이 들고 우울할 수도 있다. 그런데 이러한 모든 감정들을 처음에는 막연하게 느낄지라도 점차 구체화시키면 좋다. '나는 지금 무엇 때문에 슬프다', '남편이 또 무신경하게 행동해서 속상했다. 그래서 아이들한테 화풀이를 해버렸네' 등 자신의 부정적이고 슬프고 우울한 감정을 구체화시키다 보면 어느 순간 자신의 감정을 해결할 수 있는 방법이 무엇인지 보이게 된다.

일단 내 감정을 인정하고 서서히 얽힌 실타래를 풀듯이 하나씩 풀어나가야 한다. 그러면 곧 아이를 바라보는 시선이 달라진 자신을 느끼게 될 것이다. 엄마는 완벽할 필요가 없다. 엄마의 빈틈과 아이의 빈틈이 만나서 하나로 채워지는 게 행복이다. 완벽함은 행복이 들어갈 틈을 막아버린다.

감정의 실타래를 풀어낸 엄마는 훨씬 가벼운 마음으로 아이를 마주할 수 있다. 아직 실타래가 엉켜 있는 동안에는 아이도 부정적인 마음을 먹고 우울해할 수 있다. 하지만 아이의 우울한 감정만 신경 쓰다가 정작 엄마의 마음을 돌보지 않는다면 근본적인 해결책을 찾지 못한다.

엄마가 먼저 행복해져야 한다. 말로만이 아니라 스스로 행복해지기 위해 노력해야 한다. 육아로 지친다면 한 시간 만이라도 남편이나 지인에게 아이를 맡기고 숨 쉴 틈을 만들어라. 집안일로 지친다면 집안일을 잠시 내려놓아라. 완전히 방치하지는 못하겠지만 전에 하던 것에 비해서 덜 완벽하더라도 마음을 비우고 자신에게 여유를 주는 것이 중요하다.

사람들이 책을 읽는 것이 좋다고 해서 책을 읽기보다는 자신이 행복해질 만한 일을 찾아라. 30분 정도 산책을 하는 것이 행복하다면 산책을 하는 것도 좋고, 좋아하는 음식을 먹는 것도 좋다. 당신은 누군가의 엄마이기 이전에 사랑받을 만한 소중한 존재다.

현실이 이론처럼 만만하지 않고 어디에 아이 한번 맡기기가 쉽지 않지만 더 이상 눈치를 보거나 슬퍼하지 말자. 행복한 아내, 행복한 엄마가 아니라 행복한 사람이 되는 것이 중요하다. 아이는 엄마의 감정을 먹고 자란다. 엄마가 우울한 마음으로 아이를 대하면 아이도 우울한 감정을 먹고 우울한 아이가 된다. 그러나 엄마가 행복한 마음으로 아이를 대하면 아이도 행복한 감정을 먹고 행복한 아이가 된다. 엄마가 나타내는 감정에 따라 아이는 자신의 인격을 형성하게 되는 것이다.

아이가 어떤 아이로 성장하길 원하는가. 이제 아이의 감정은 엄마의 선택에 달렸다. 아이에게 주고 싶은 감정을 자신의 가슴에 품고 아이를 대해야 한다. 엄마가 힘든데도 아이를 위해 거짓으로 행복을 꾸미는 것이 아니라 진심으로 행복을 바라보자. 부모 스스로 우러나오는 행복감을 만끽할 때 아이도 행복해진다.

## 내 아이 마음 사전

**초판 1쇄 인쇄** 2016년 6월 15일
**초판 1쇄 발행** 2016년 6월 22일

| | |
|---|---|
| 지은이 | 허은지 |
| 펴낸이 | 권동희 |
| 펴낸곳 | 위닝북스 |
| 기 획 | 김태광 |
| 책임편집 | 이양이 |
| 디자인 | 윤대한 |
| 교정교열 | 우정민 |
| 마케팅 | 김보람 이석풍 김응규 |

| | |
|---|---|
| 출판등록 | 제312-2012-000040호 |
| 주 소 | 경기도 성남시 분당구 수내동 16-5 오너스타워 407호 |
| 전 화 | 070-4024-7286 |
| 이메일 | winningbooks@naver.com |

ⓒ허은지(저자와 맺은 특약에 따라 검인을 생략합니다)
ISBN 979-11-85421-92-6 (13190)

이 도서의 국립중앙도서관 출판도서목록(CIP)은 서지정보유통지원시스템 홈페이지(http://seoji.nl.go.kr)와 국가자료공동목록시스템(http://www.nl.go.kr/kolisnet)에서 이용하실 수 있습니다.(CIP제어번호: CIP2016014038)

이 책은 저작권법에 따라 보호받는 저작물이므로 무단전재와 무단복제를 금지하며, 이 책 내용의 전부 또는 일부를 이용하려면 반드시 저작권자와 위닝북스의 서면동의를 받아야 합니다.

위닝북스는 독자 여러분의 책에 관한 아이디어와 원고 투고를 설레는 마음으로 기다리고 있습니다. 책으로 엮기를 원하는 아이디어가 있으신 분은 이메일 winningbooks@naver.com으로 간단한 개요와 취지, 연락처 등을 보내주세요. 망설이지 말고 문을 두드리세요. 꿈이 이루어집니다.

※ 책값은 뒤표지에 있습니다.
※ 잘못 만들어진 책은 구입하신 서점에서 교환해 드립니다.